Vender
desde el corazón

PROFIT
editorial

Si desea recibir información gratuita
sobre nuestras publicaciones, puede
suscribirse en nuestra página web:

www.profiteditorial.com

o, también, si lo prefiere, via email:

info@profiteditorial.com

Síganos en:

Travessera de Gràcia 18-20, 6º 2ª
08021 - Barcelona
Tel. (34) 93 410 97 93

Alfons M. Viñuela

Vender
desde el corazón

Competencias clave para vender mejor
y fidelizar a los clientes
en tiempos de crisis e incertidumbre

© Alfons M. Viñuela Juárez, 2011

© Profit Editorial, 2011 (www.profiteditorial.com)
    Profit Editorial I., S.L., Barcelona, 2011

Ilustración cubierta: Fotografía cojín Famnig Hjarta, utilizada con permiso de Ikea España.

Ilustraciones interior: Dreamstime LLC, 2011.
Diseño cubierta: XicArt
Maquetación: www.eximpre.com

ISBN: 978-84-15330-24-0
Depósito legal: B–22.592-2011
Impreso por: Liberdúplex

Impreso en España - *Printed in Spain*

A quienes con su cariño y apoyo
me han traído hasta aquí.

«El mejor nivel de servicio que se puede alcanzar
sale del corazón, de forma que la empresa
que llegue al corazón de su gente será la que ofrecerá
el mejor de los servicios al cliente.»

HAL ROSENBLUTH
Director general de Rosenbluth International

Índice

---

* *Prospeccionar:* es un verbo no aceptado por nuestro diccionario (sí prospección y prospecto) pero muy usado en ventas. Me permito utilizarlo también en este libro para definir al proceso de captación de nuestro cliente potencial o «prospecto».

Prólogo

Es para mi un honor y un placer que mi amigo Alfons contactara conmigo para comentar la posibilidad de prologar este libro.

Me gustaría significar que no se trata de ninguna frase hecha, dado que mi amistad con Alfons es sincera y que también, una vez leído el libro, comprobé que tenía unas connotaciones con las cuales me identificaba totalmente, ya que el escritor, y por ende el contenido del libro, no son meras ideas teóricas, sino que se trata de un texto con alto contenido de realidades vividas en el punto de venta y ante un comprador real, no virtual, en clara referencia a las «personas».

En la lectura del libro *Vender desde el corazón* me ha gustado la forma tan inteligible e inteligente con que está escrito, y cualquier profesional que se haya formado en el mundo de las ventas, desde la base, iniciándose como vendedor –como es mi caso– encontrará gran ayuda para ir desarrollándose en la vida tanto profesional, como personalmente.

Mis experiencias en el campo de la venta quizá son un poco atípicas, ya que me inicié a los veinte años como vendedor de productos industriales, recorrí todo el escalafón comercial y también algunas empresas, para finalizar mi trayectoria en Sony España, a los 64 años. En esta compañía trabajé durante 28 años, los últimos diez como director nacional de ventas.

Cuando mencionaba anteriormente mis experiencias atípicas, me refería a que en mi vida profesional, cosa poco frecuente, han primado antes que nada las «personas», ya que sin un buen material humano difícilmente lograríamos alcanzar los objetivos a los que nos vemos sometidos día a día.

He tenido una máxima que siempre me ha funcionado cuando en un momento determinado de mi vida profesional tuve que dirigir a grupos de personas, y es que «a mejores personas, mejores profesionales y como consecuencia directa, mejores resultados».

Recuerdo que en una ocasión, ya trabajando en Sony (donde gracias al esfuerzo colectivo conseguimos situar a una marca desconocida en los años 80 como primera marca del mercado en electrónica de consumo), habíamos alcanzado excelentes resultados en todas las zonas excepto en una en concreto, por imponderables ajenos totalmente a la dedicación y profesionalidad del vendedor, y cuando analizamos los resultados conjuntamente con el equipo de ventas, felicité naturalmente a todo el equipo, pero hice mención especial a aquel profesional, en concreto a aquella «persona» que, aun con un gran sobreesfuerzo, no había alcanzado sus objetivos. Han pasado muchos años y no ha olvidado, con agradecimiento, aquel hecho.

He sido autodidacta en mi gestión, pero lo que he aplicado en general en mi actividad ha sido el sentido común, que también se trasmite en la lectura de *Vender desde el corazón* y, después de aplicarlo en bastantes de mis «día a día» –he podido comprobarlo y no me considero petulante, Alfons os lo podría ratificar– en mi profesión y en mi vida personal, que para mí han ido muy ligadas siempre, apliqué por encima de todo la Honestidad, la

Humildad y el buen Humor, y con al paso del tiempo comprobé que en todos los tratados de liderazgo lo denominaban la prueba de las «3H», imprescindible para ser un buen líder y tener éxito en los equipos a conducir.

Os puedo asegurar que la sonrisa y el buen humor no está reñida, muy al contrario, con el respeto y la profesionalidad.

Considero que la venta es una «transmisión de emociones», y si el vendedor no lo percibe así y no valora esta máxima, posiblemente deberá buscar otras alternativas profesionales, ya que ha de ser muy duro no ser feliz con lo que uno hace; afortunadamente, en mi caso no ha sido así.

Perdonad que quizá pase de un tema a otro, pero me siento tan feliz en estos momentos de redactar estas líneas, que no puedo substraerme, cosa que he hecho siempre, de que mis emociones afloran, y me ha ocurrido en gran medida, os lo puedo asegurar, en el transcurso de la lectura de este libro.

Otro aspecto muy importante en mi vida ha sido la estabilidad personal y familiar, de lo que también habla el libro en varios pasajes; este equilibrio es primordial, en mi caso así ha sido.

Una parcela, que ha sido importantísima en mi vida y que me ha proporcionado valor, serenidad y, por qué no, sabiduría, ha sido la presencia y vivencias con mi hija Ana Maria, aquejada del síndrome de Rett,[1] enfermedad muy cruel y de dependencia de por vida. El trato diario con ella sin duda ha sido un regalo de crecimiento y paz interior, muy difícil de adquirir si no vives una situación similar.

A modo de epílogo, aunque parezca redundante en un prólogo, os trascribiré el mensaje que me redactó una empresa de *consulting*, colaboradora de Sony, cuando me jubilé:

---

1. Ver página 173

«Con este programa, pretendemos que la "P" de personas sea cada vez más un valor estratégico y diferencial de Sony. Creemos que tú has sido un claro referente para muchas personas de la compañía, que han visto que para ser un excelente profesional, no hay que renunciar a la sonrisa ni a tener una buena palabra para el que lo necesita.»

Un fuerte abrazo, Alfons, y mucho trabajo, ya que la suerte acostumbra a venir como consecuencia del trabajo continuado y bien hecho.

Francisco Juan Peralta
Director nacional de ventas Sony España, S.A.

Introducción

Para empezar diré que después de tantos años dedicados a vender y a trabajar con equipos de ventas he llegado a la conclusión de que todos somos vendedores. No importa si lo hacemos de forma remunerada por una empresa o si simplemente estamos intercambiando frases para ser aceptados (comprados) por nuestro interlocutor. Por otra parte, somos grandes expertos en la compraventa, lo hacemos desde la infancia con el consabido cambio de cromos; lo hacemos a diario cuando decidimos comprar un producto en la parada del mercado o del lineal libre-servicio de nuestro supermercado habitual y luego plantamos en la mesa lo que hemos cocinado y se lo «vendemos» a los comensales: «ya verás qué rico está», «estaba de oferta», «es nuevo, lo he comprado para probar», etcétera. Pero ¿sabemos comprar? ¿Y vender? Nos pasamos la vida comprando y vendiendo. En ocasiones estamos satisfechos y en otras nos queda la mosca tras la oreja: «¿Habré hecho un buen negocio? ¿Podría haber sacado más en e-bay por aquella bicicleta que mi hijo ya no usa?». A veces somos conscientes y otras no. Es bueno repasar nuestras actividades comerciales cuando nos dedicamos a la venta o simplemente por el hecho de que todos somos también compradores.

Y yo desde hace unos cuantos años me dedico a acompañar a equipos de ventas a su máximo nivel de desarrollo comercial. Como escribe Lou Marinoff[2] en su libro *Más Platón y menos Prozac,*[3]

> **"**Todo el mundo tiene un filósofo dentro; tiene la sabiduría en su interior. Yo no doy nada, ilumino lo que ya estaba allí.**"**

Cambiamos filósofo por vendedor y ahí estoy yo pretendidamente, «iluminando» lo que tienen guardado en un rinconcito más o menos olvidado de su conocimiento todos los vendedores que asisten a los seminarios y talleres en los que participo como «facilitador» (así me gusta llamarme, más que profesor o formador, un profesional experto que facilita un espacio físico y mental para el redescubrimiento de ese conocimiento olvidado). En resumidas cuentas, hemos practicado «el arte de vender» durante mucho tiempo, pero después de épocas pasadas de bonanza y compra desmesurada, se nos ha olvidado mucho de lo aprendido en su día. Y de ello me di cuenta un día hará un par de años, cuando me encontraba en Valladolid facilitando una jornada de formación para un equipo de ventas.

El equipo en cuestión era el de una importante empresa de materiales y servicios para la construcción con sedes en diferentes capitales del Estado. Es sabido que la construcción ha disminuido su actividad de forma meteórica y que en un par de meses, allá por 2008, el negocio se vino abajo. Esta empresa, dirigida por un emprendedor que me

---

2. Ver página 173

3. Este y todos los libros que se citan en la obra se detallan en la bibliografía.

atrevería a decir que visionario, no arrojó la toalla y aprovechó la circunstancia —menos tiempo de dedicación a la venta— y convirtió en oportunidad el tiempo disponible para la formación y reciclaje de sus equipos comerciales —tanto compradores como vendedores y sus mandos intermedios respectivos—. Como siempre cuando empiezo el primer día con el grupo, en este caso unas veinte personas, presento el curso que hemos diseñado previamente para ellos con sus directivos y el equipo de recursos humanos y les planteo mis objetivos y los del curso. Es entonces cuando les pregunto sobre sus expectativas (como haré después con el lector tras esta introducción) y estas suelen ser del tipo: «Aprender», «mejorar», «compartir», «conseguir visitas», «convertir los no en sí», «tratar mejor las objeciones del cliente», «cerrar más operaciones», etcétera.

Conversaciones con un vendedor

Pero en esta ocasión un vendedor, Gonzalo, un vendedor que a pesar de estar próximo a la jubilación, estaba disponiendo para la formación de un viernes por la tarde y de un sábado, su «tiempo libre», me dijo:

—Tras el curso, me gustaría volver a vender como lo hacía antes.

—¿Antes? ¿Cuándo? ¿Cuándo todo iba bien y despachabais los materiales hasta que los acababais y teníais lista de espera con el boom de la construcción? —le pregunté.

—No, antes, cuando los clientes confiaban en ti, esperaban que los fueras a ver para solucionarles los problemas que tenían y cuando un apretón de manos era suficiente para cerrar un acuerdo.

Ni que decir tiene que lo apunté en la pizarra como había hecho con las anteriores expectativas, pero que la aportación de Gonzalo me dejó pensativo hasta el primer coffee-break que tuvimos, transcurridas dos horas del curso. En el descanso me acerqué a Gonzalo, que había intervenido en un par de ocasiones muy certeramente durante la primera parte de esa tarde de viernes dedicada a la formación comercial de su equipo, y me atreví a sugerirle que si podía cenar conmigo me encantaría invitarle si él no tenía compromiso esa noche, estaba solo en Valladolid. Gonzalo venía de la delegación de Santander, por lo que también estaba solo, y aunque pensaba cenar con algunos compañeros, no le importaba cambiar de planes, pues a ellos «los tenía muy vistos», me dijo con mucha simpatía.

Es así como, tras esa cena y las veces que nos fuimos viendo durante algunas jornadas de formación comercial que compartimos más adelante −con él y con otros buenos vendedores−, pude reorientar mi aportación formativa sobre técnicas de venta y habilidades comerciales a una visión más emocional, una forma de vender no desde la razón, sino desde el corazón, donde la confianza y la seguridad de una relación honesta y sincera estuviese más cerca de la decisión de compra de los clientes que no un simple descuento o unas condiciones de pago aplazado que al final, en la venta, suele provocar que todos pierdan y, por tanto, nadie gane.

En este libro he querido recoger mis experiencias desde entonces con más de ciento cuarenta equipos comerciales de múltiples sectores, industrial, distribución detallista, servicios, etcétera, con los que he tenido la suerte de compartir numerosas jornadas de formación comercial y sobre todo, de aprender de ellos algunas veces tanto o más de lo que ellos podían aprender de mí, pues es solo cuando el grupo es generoso y participativo, dentro de una formación absolutamente vivencial −con poca teoría y mucha práctica– que la cosa funciona, que todos sacamos lo que tenemos dentro, tal vez en un rincón olvidado y que, facilitando esta «catarsis» es cuando todos aprendemos de todos. Desde entonces me he reafirmado en la creencia de que todos podemos buscar en nuestro corazón las mejores habilidades para la venta y la consecución de largas relaciones comerciales con nuestros clientes. Confío en que este libro pueda reunir tanta experiencia acumulada en cientos de horas de «iluminar desde el corazón» a otros corazones para que encontremos el camino más directo y efectivo en la venta –y más ahora en tiempos de crisis e incertidumbre– de productos y servicios a nuestros amigos clientes.

Y para aquellos vendedores más pragmáticos, hay un consejo comercial que dice: «hay que vender siempre al corazón de las personas y no a su cabeza, porque está veinte centímetros más cerca de su billetera».

Recomendaciones para aprovechar a fondo este libro

Este libro pretende ser una guía, te recomiendo que no lo leas de un tirón y sí por etapas –capítulos y subcapítulos– haciendo las actividades que te propongo en muchas de ellas.

Se pro-activo/a: subraya, marca y anota tus consideraciones al margen de sus páginas.

Además del libro, te invito, lector/a, a que visites http://venderdesdeelcorazon.blogspot.es, donde encontrarás películas, libros, presentaciones PowerPoint, páginas web y otros recursos que te ayudarán, de forma entretenida, a profundizar en los temas que trata este libro.

También en el blog podrás descargarte las actividades por si no deseas utilizar las páginas del libro para realizarlas y así poder prestarlo, incrementando su posible utilidad.

Todo este material también podrá encontrarlo registrándose en: www.profiteditorial.com y descargándose los archivos en la ficha del libro en la sección Material Adicional.

Por último, ruego tu generosidad para que participes en el blog enviando tus experiencias de venta «desde el corazón», así compartiremos muchas de estas experiencias con otros vendedores.

Tus expectativas: Anota por favor las expectativas que tienes al inicio de la lectura de este libro, lo que esperas con su lectura, y luego, al final vuelve a estas anotaciones para ver si se han cumplido. De ser así o no, en cualquier caso, te agradeceré lector que me des tu *feedback* en el blog del libro para ayudarme a mejorar en mi trabajo. Gracias

1

Visión, misión y valores: una ruta directa hacia tu interior

«No hay viento favorable para el marinero
que no sabe adónde va.»

SÉNECA
(filósofo romano[4])

---

4. Ver página 173.

Al igual que para una empresa, donde la visión de su futuro marcará sus estrategias, se entiende por visión la idealización de nuestro futuro profesional y no profesional en la empresa y en el resto de nuestra vida. Cuando hay claridad acerca de lo que queremos construir en un futuro, podemos enfocar hacia su logro de manera constante. No olvidemos que una de las tres fuerzas que motivan al ser humano es el logro, la visión del objetivo –tener uno es imprescindible–, como nos recuerda la frase de Séneca que abría el capítulo (las otras dos fuerzas que motivan son el deseo de aprender y el anhelo de contribuir).

Visión

Cuando hay visión compartida en una empresa, existe un fuerte sentimiento de identificación y compromiso en el corazón de la gente, de manera que el camino hacia el futuro lo realizan todos, aportando y desarrollando potencial. Por eso nuestra visión comercial, profesional, ha de ser generosamente compartida con compañeros y clientes, pues ello nos ayudará a abrir nuestro corazón al otro, haciéndonos cómplices de un mismo destino: la búsqueda de un mutuo beneficio, ya que nuestra visión de futuro no puede ser otra que la de que todos ganemos en la transacción.

La visión es un camino que se origina en el interior de las personas, a través de la construcción de una visión personal según la cual no basta con que aumentemos nuestras aptitudes, sino que también es necesario mejorarlas, lo cual implica capacidad y voluntad para comprender y trabajar con las fuerzas que nos rodean, con espontaneidad y alegría, o sea, desde el corazón.

Misión

Por otra parte, la misión sintetiza los principales propósitos estratégicos, así como los valores esenciales que deberían ser conocidos, comprendidos y compartidos por todos los individuos que conforman una organización comercial o no. El objetivo de la misión es orientar y optimizar la capacidad de respuesta tanto de la organización como nuestra, personal y profesionalmente, ante las oportunidades del entorno. Jack Fleitman,[5] autor del libro *Negocios Exitosos*, define la misión de la siguiente manera:

> **❝**La misión es lo que pretende hacer la empresa y para quién lo va hacer. Es el motivo de su existencia, da sentido y orientación a las actividades de la empresa; es lo que se pretende realizar para lograr la satisfacción de los clientes potenciales, del personal, de la competencia y de la comunidad en general.**❞**

Cambiemos empresa por vendedor (la parte generalmente más visible de la empresa para el cliente) y entenderemos que la misión es el motivo, propósito, fin o razón de ser de la existencia de un vendedor porque define:

1. Lo que pretende cumplir en el entorno en el que actúa.

2. Lo que pretende hacer.

3. El para quién lo va a hacer (para la empresa, sí, pero también para el cliente y por supuesto para él mismo, aquí es donde se halla la sustancia de la frase de que «en la venta o ganamos todos o perdemos todos»).

---

5. De este y otros autores citados se aportan notas al final del libro, ver página 170.

Valores

Además de fijar la línea de acción para desarrollar un buen trabajo, los profesionales debemos determinar los valores, es decir, la forma en que hacemos el trabajo. Nosotros, supongamos que vendedores, a través de nuestras palabras y de nuestras acciones, enviamos a nuestros clientes y compañeros (*clientes internos* que seguramente colaboran en nuestras relaciones comerciales con los clientes) unos mensajes sobre lo que valoramos. Cuando esos mensajes son coherentes, los clientes saben dónde están y qué es lo que deben esperar. Los clientes detectan enseguida los conflictos de valores. Son capaces de percibir de inmediato cuándo el vendedor les está enviando mensajes confusos. Por ejemplo, si un vendedor afirma que valora el servicio al cliente y sus acciones reflejan desprecio o falta de interés en las necesidades del cliente, sus acciones no son coherentes con su mensaje. Este tipo de incoherencia genera un conflicto entre lo que el vendedor dice que valora y lo que, de hecho, realmente valora. Pero cuando nuestros valores son firmes, el cliente es consciente de cuáles son las acciones aceptables y cuáles no lo son (pedir descuentos, forzar una venta, solicitar más servicio, ampliar la compra, etcétera). Los valores fijarán el curso de la acción y ofrecerán directrices a los vendedores y a los clientes sobre la forma en que deben actuar.

Y no olvidemos que, como dice Cosimo Quiesa de Negri[6] en su espléndido libro *Vender es mucho más*:

---

6. Ver página 166.

❝La base de nuestro comportamiento se sitúa en los valores y creencias que tenemos respecto a nosotros mismos. Nuestros valores y creencias son la base de nuestros pensamientos, que condicionan e influyen en nuestros sentimientos, que a su vez son la base de nuestras expectativas. Estas últimas condicionan nuestras actitudes, que son la base de nuestro comportamiento y de los resultados que conseguiremos.❞

O sea, que una definición previa de nuestra visión de futuro, un compromiso con nuestra misión para hacer en la medida de lo posible realidad este futuro y una clarificación de valores, serán la primera premisa necesaria para poder llegar a la excelencia comercial, es decir, para poder llegar a vender desde el corazón.

Y ¿cómo clarificar los valores que nos serán más útiles para conseguirlo? A continuación te propongo una actividad para determinar, analizar y clarificar tus posibles valores. Al igual que para el resto de actividades que irás encontrando en el libro, te sugiero que la realices a lápiz, y así más adelante puedas repetirla y ver si en el tiempo transcurrido ha cambiado/evolucionado algo. El propósito de este ejercicio es ayudarnos a evaluar los valores que son importantes para nosotros y los mensajes relacionados con esos valores que transmitimos a nuestros clientes. En ocasiones, esos mensajes pueden ser incongruentes y dañar la integridad de nuestras relaciones con aquellos. Por otra parte, cuando los mensajes relacionados con los valores se comprenden con claridad, la tarea del vendedor es más fácil, ya que clientes, vendedores y otros empleados tienen una base sobre la cual pueden trabajar.

Actividad

Para identificar y concretar los valores por los que te vas a mover en tu faceta de vendedor «desde el corazón», te propongo que realices la siguiente actividad: «mis valores, nuestros valores».

Actividad 1. «Mis valores, nuestros valores»[7]

A continuación presentamos una lista aleatoria de valores que pueden estar presentes en nuestra relación con los clientes. Si lo consideras oportuno, puedes añadir otros a la lista.

Instrucciones:

1. Utilizando una línea, subraya los cinco valores que son más importantes para ti. Ten cuidado de no subrayar los que dices que valoras o que tu empresa dice que deberías valorar, sino aquellos que tú realmente valoras.

2. Utilizando una equis, marca los cinco valores que, desde la perspectiva de tus clientes, son los más importantes para ti (pueden ser los mismos, otros, o algunos de los anteriores) **¿Dónde están las discrepancias?** *(que yo valoro y el cliente no, por ejemplo)*

Espíritu de sacrificio	Determinación
Respeto	Disciplina
Seguridad	Satisfacción del cliente
Capacidad emprendedora	Perfección
Creatividad	Espíritu de equipo
Obediencia	Compromiso

---

7. Actividad derivada de una de las actividades de Inteligencia Emocional para el liderazgo de la Fundación Ramón Areces.

Honestidad	Orden
Mentalidad abierta	Sinceridad
Ingenio	Dedicación
Capacidad negociadora	Independencia
Esfuerzo	Metodología
Conocimiento del cliente	Orientación a la acción
Otros	_____
_____	_____

3. Utilizando la lista anterior, rodea con un círculo los cinco valores que, en tu opinión, son los que más valora tu organización (pueden ser los mismos, otros, o algunos de los anteriores) *¿Alguna discrepancia? (valoración contradictoria desde diferentes perspectivas, por ejemplo)*

4. Repasa los valores que has marcado desde las tres perspectivas: la tuya, la de tus clientes y la de tu empresa u organización y elabora una lista con estos valores. No importa que sean pocos o muchos, lo que importa es que contestes afirmativamente la siguiente pregunta: ¿puedo vender con plena satisfacción para todos utilizando estos valores? Si la respuesta es afirmativa, insiste en el uso de estos valores, y afirmativa o negativa, incorpora aquellos otros con los que te sientes a gusto y puedes crear una relación de confianza con tus clientes, «de corazón a corazón».

2

Principales competencias sociales de un vendedor «desde el corazón»

«Un optimista ve una oportunidad en toda calamidad. Un pesimista, ve una calamidad en toda oportunidad.»

WINSTON CHURCHILL
Político y escritor inglés, s. XX

Cuando en un curso de ventas solicito al grupo que me hable de lo que considera son las más apreciadas de las características de un vendedor, generalmente se habla de su capacidad de seducción, su sonrisa, su amabilidad, su aspecto... en definitiva estamos hablando de su nivel de *competencia social* principalmente. De hecho el libro de ventas más vendido hasta la fecha lleva por título *Cómo ganar amigos e influir en las personas,* del otrora famoso Dale Carnegie,[8] pero independientemente de que una serie de competencias personales pueden ayudar mucho a «triunfar socialmente» y por tanto también a un vendedor, las competencias, es decir, el «cómo hará lo que sabe hacer» (sus técnicas y habilidades), vendrán determinadas por parámetros más extensos que las de una persona con «don de gentes».

Según el estudio realizado por la consultora Stan Moss en 2005 a 44 altos ejecutivos de ventas de grandes organizaciones empresariales norteamericanas, las diez características más valoradas en un vendedor en el proceso de su selección fueron:

1. Entusiasmo (338 puntos)

2. Bien organizado (304)

3. Ambición evidente (285)

4. Persuasión elevada (254)

5. Experiencia general en ventas (226)

6. Alta habilidad verbal (215)

7. Experiencia específica (214)

8. Muy recomendado (149)

9. Seguir instrucciones (142)

10. Sociabilidad (134)

---

8. Ver página 167

Valorándose también las aptitudes más útiles en ventas como la *inteligencia* y la *memoria*.

De lo que deducimos que el entusiasmo, ser organizado y una sana ambición, en personas con una cierta inteligencia y, naturalmente, con una dosis importante de memoria, son las cinco características que valoraban en la época los directores de ventas norteamericanos. La mayoría de estas características son sociales, mientras que la «sociabilidad» como característica global ocupaba el décimo lugar. Bien, pero… ¿a qué personalidad de un vendedor responderían estas características? Veamos primero unas cuantas definiciones de lo que estamos comentando:

Aptitudes: características personales permanentes que determinan la capacidad del individuo para realizar un trabajo de ventas.

Inteligencia: compendio o resumen de capacidades o procesos mentales (multifactorial, tales como la inteligencia matemática, la verbal, el razonamiento inductivo y lógico, etcétera. Veremos esto detalladamente en el apartado correspondiente a la Inteligencia Emocional).

Memoria: capacidad de retención o almacenamiento de datos o información.

Personalidad: rasgos permanentes que reflejan las reacciones consistentes del individuo a las situaciones encontradas en el ambiente. Veamos qué rasgos (entre otros) podrían ser:

- **Responsabilidad**: una persona que cumple sus compromisos, sigue los planes acordados y asume las consecuencias de sus actos (y las de sus colaboradores en la empresa).

- **Dominio**: se hace cargo del mando, desea tener poder (autonomía e iniciativa para decidir), ejerce el liderazgo ante sus clientes (internos/externos).

- **Sociabilidad**: esta persona disfruta con la interacción social, es buena comunicadora y sabe escuchar (tiene una alta capacidad de relación interpersonal).

- **Autoestima**: segura de sí misma, soporta la crítica, confía en el éxito, cree que otros tienen una actitud positiva hacia ella (solicita *feedback* al respecto).

- **Creatividad/flexibilidad**: persona innovadora, predispuesta al cambio, abierta a sugerencias y nuevas ideas o formas de hacer las cosas.

- **Necesidad de logros y recompensas** intrínsecas frente a extrínsecas (intrínsecas: de realización y desarrollo personal frente a extrínsecas o de remuneración económica).

Habilidades: capacidades aprendidas y actitudes necesarias para un rendimiento efectivo en trabajos específicos. Pueden cambiar con el tiempo mediante formación y experiencia. Veamos las dos principales en un vendedor:

- **Presentación de ventas**: evaluación de las necesidades y deseos del cliente, adecuando el estilo de presentación a éste (hablar el «lenguaje del cliente»), manejo de objeciones y cierre de la venta.

- **Liderazgo** (organización y conducción del cliente, del equipo de trabajo y de la situación).

Conversaciones con un vendedor

En mis encuentros con Gonzalo (¿te acuerdas de aquel vendedor de Santander al que conocí en Valladolid?) salió el tema de estos rasgos y competencias.

—Mira Alfonso —me decía Gonzalo— al final es lo que comunicas, y no solo lo que dices sino cómo lo dices.

El cliente no es tonto y sabe si le estás engañando, te «lee la mente», te lo digo yo, que me han pillado alguna que otra vez contando alguna mentira del tipo "no se preocupe, mañana por la mañana lo tiene en su almacén» y eso sabiendo que no teníamos stock ni en el nuestro.

—Estoy de acuerdo, Gonzalo —le decía yo— y también en que comunicamos con todo, con las palabras, con la voz, con el tono, los gestos, la mirada… ¡ay los gestos y la mirada! Cómo nos podemos ver en falso ante los clientes según como movemos las manos, cómo nos rascamos, hacia dónde miramos…

—Cierto, pero yo había aprendido a gestionar mis emociones, a controlar esos gestos delatores, mi lenguaje corporal… y a saber si mi cliente estaba o no estaba interesado con solo mirarle cuando me escuchaba. Pero eso, ya te dije, Alfonso, lo he perdido con la precipitación en la venta de estos últimos años, la gente ya no está para monsergas y lo quieren todo bueno, bonito y barato.

—¿Quieres decir que más que tus competencias profesionales, lo que el cliente quiere es solo precio?

—En estos tiempos sí, desgraciadamente.

—Y si yo te demuestro que con tus competencias desarrolladas y enfocadas a la venta emocional superas el factor del precio, ¿qué harías?

—Invitarte a cenar la próxima vez que nos veamos.

Y así quedamos, pero antes, en la sesión del sábado siguiente a nuestra conversación, realicé una actividad de grupo para ver cuántos pensaban como Gonzalo. Utilicé para ello «Técnicas de

Grupo Nominal» o Metaplan©, una técnica parecida al *brainstorming* o «tormenta de ideas» que llevaba ya un tiempo practicando con los grupos de ventas que trataba desde el inicio de la «crisis». Así, cuando llegaron al aula improvisada en las oficinas de mi cliente, se encontraron todos con un panel de papel en la pared más larga de la sala y con una frase escrita de punta a punta: «En época de crisis el mercado solo compra por precio». Les entregué a todos dos tarjetas de color verde y otras de color rojo y en las primeras tenían que escribir una idea por cartulina de por qué estaban de acuerdo con la tesis enunciada, mientras que en las cartulinas rojas tenían que escribir una idea por la que aseguraban que no estaban de acuerdo con la tesis de compra solo por precio.

Tras la actividad el resultado fue asombroso (siempre lo era, incluso en los grupos más «victimistas» por las políticas de precios bajos de sus competidores), pues la mayoría de las cartulinas que me fueron entregando y que yo iba enganchando en el panel eran de color… ¡rojo! Y aún más, en la valoración cualitativa de las ideas aportadas, la puntuación fue de 3 a 1 en cuanto a las ideas de las fichas verdes que decían estar de acuerdo con el factor precio como determinante de la compra.

Al final, incluso los propios vendedores sabían que la seguridad de un buen profesional ante su cliente, la confianza que le daba el vendedor, la honestidad en la negociación, la transparencia en la información, sinceridad en la argumentación, escuchar a sus clientes, tener empatía con sus situaciones respectivas… todo era de mayor importancia para sus clientes que el precio. De alguna manera, en todos quedó la idea de que si un vendedor es un buen profesional, podrá superar el factor precio (esto también lo veremos más adelante, en el capítulo destinado a repasar nuestras técnicas de venta). Entonces la pregunta era: ¿dominamos profesionalmente la venta?

Actividad

Para ayudarte a reconocer tus áreas de mejora en las competencias clave de un vendedor «desde el corazón», te propongo que realices la siguiente actividad de auto-diagnóstico y mejora: «El Terceto Mágico».

Actividad 2. «El Terceto Mágico»[9]

¿Dominamos El Terceto Mágico?

1. Qué ofrezco = competencia profesional

2. A quién lo ofrezco = competencia social

3. Cómo lo ofrezco = competencia metodológica

Instrucciones:

1. En la siguiente lista de competencias agrupadas en tres grupos (profesional, social y método) indica en las columnas Sí / No *el porcentaje* en que crees que dominas la competencia (80-100, 60-40, 25-75, etcétera).

2. En aquel o aquellos porcentajes que te parezcan críticos por su relación con tu trabajo de ventas y su porcentaje afirmativo sea bajo, proponte un plan de mejora a realizar en tres semanas (el ser humano mejora hábitos en 21 días) y, uno tras otro, ve incrementando el valor de tu porcentaje afirmativo en estos factores críticos para el dominio de tus competencias básicas en ventas realizando las acciones que consideres en tu plan de mejora.

---

9. *Manual de formación de Vendedores.* Centre d'Estudis FOREM. Barcelona, 1999. Varios autores.

COMPETENCIAS	SÍ	NO
1 COMPETENCIA PROFESIONAL **Conozco realmente a fondo**		
EL PRODUCTO / SERVICIO Características, gama, componentes, prestaciones, posibilidades, utilidad para el cliente, servicios asociados…		
LAS CONDICIONES DE VENTA Generales, ofertas, plazos, compromisos, documentación, garantías…		
LA ATENCIÓN DE LA COMPETENCIA Empresas, productos/servicios, grado de conocimiento, comparación…		
LA TÉCNICA DE VENTAS Presentación, argumentación, tratamiento de la objeción, cierre…		
2 COMPETENCIA SOCIAL **Estoy en situación de apreciar y valorar**		
LAS DISTINTAS TIPOLOGÍAS DE CLIENTES Los roles de compra, la psicología del comprador, sus motivos de compra…		
SUS NECESIDADES Y PROBLEMAS El análisis de su problema, de sus necesidades, de sus deseos…		
LOS BENEFICIOS QUE PUEDE APORTAR MI OFERTA A CADA CLIENTE Características, beneficios, ventajas respecto a competidores…		
3 COMPETENCIA METODOLÓGICA **Conozco y controlo**		
MIS OBJETIVOS Y los de la empresa y del cliente, los plazos de consecución de objetivos…		
MIS ESTRATEGIAS DE ACTUACIÓN La prospección, las llamadas y primeras visitas, el seguimiento…		
MI CAPACIDAD DE ANÁLISIS Y AUTOCRÍTICA Valoración tras la entrevista o llamada, mis puntos fuertes y débiles…		

Mi plan de mejora: *(por ejemplo: si debo tener relaciones internacionales con delegados de venta de otros países tal vez deba mejorar mi inglés, o si no conozco adecuadamente a mi competencia directa podría destinar un hora a la semana a investigar en sus sitios de internet, etcétera.) Escríbelo ahora y repásalo periódicamente.*

Curiosamente, cuando paso el cuestionario «El terceto mágico» ante los vendedores de diferentes empresas y sectores de actividad, bastantes de ellos, profesionales con mucha experiencia, comparten con el grupo su insatisfacción por algunos de los porcentajes que, tirando a bajos, representan una debilidad en sus competencias vendedoras. Y ¿por qué?, pues a mi entender por la precipitación en la acción de venta y por el poco tiempo que dedican a prepararla, todo ello por la presión del entorno económico de sus clientes y de la empresa.

Por eso generalmente preparamos una segunda acción formativa enfocada en el desarrollo y potenciación de las siguientes competencias «vendedoras»:

2.1. Competencias sociales I: Comunicación interpersonal

> «Yo sé que usted cree comprender lo que piensa que yo he dicho, pero no sé si se da cuenta de que lo que usted ha oído no es lo que yo quería decir.»
>
> PIERRE RATAUD
> *Autor del libro* Técnicas de Venta

Mucho se ha dicho sobre la importancia de la comunicación no verbal en la comunicación, y es cierto, las palabras solo representan un 7% de lo que recordará un cliente tras una entrevista de ventas (por eso la importancia de dejar o enviar los acuerdos por escrito tras la entrevista); el tono y la voz serán el 38% y el lenguaje corporal el resto, o sea, ¡un 55%!

Pero vayamos por partes. En el proceso de la comunicación existen, obviamente, un emisor y un receptor, así como un medio para la emisión de este mensaje que ha de atravesar un sinfín de ruidos (el entorno físico, el momento de la comunicación, la situación, etcétera) y filtros (la desconfianza, los miedos del cliente, las creencias y prejuicios, etcétera). Como el éxito de la comunicación es no solo haber transmitido el mensaje sino también comprobar que éste ha sido correctamente interpretado por el receptor, aquí necesitaremos del *feedback* correspondiente. Este *feedback* o retroalimentación necesaria para nuestra tranquilidad de saber que estamos comunicando y nos entienden correctamente, es uno de los facilitadores de la comunicación. Pero también hay otros para «comunicar desde el corazón»:

- **Escuchar**: El oído ayuda tanto o más que las palabras en la venta. Preguntar y dar espacio para que el cliente elabore sus respuestas, escucharlas y seguir al hilo de lo que dice nuestro interlocutor, demostrará un interés por él que siempre agradecerá.

- **Respetar**: El cliente puede tener ideas contrarias a las nuestras, puede no creer lo que le estamos diciendo, tener sus prejuicios, etcétera, pero aun así hemos de respetar sus puntos de vista, escuchar bien y argumentar los nuestros, pero no con el fin de convencer o persuadir sino para manifestar nuestra perspectiva. Que se acerque o no a la del cliente dependerá del interés que hayamos manifestado por sus problemas y necesidades.

- **Aceptar**: Sigue en la línea del respeto, acepto que los demás piensen de forma diferente, que no vean las cosas como las veo yo, acepto también sus dudas y negativas, que intentaré resolver y comprender para una próxima oportunidad (que no tendré si no evito un enfrentamiento al no aceptar la diferencia de posición).

- **Claridad**: Para comunicarnos con los demás hemos visto que las palabras son muy poco relevantes, utilicemos entonces las precisas y de forma clara, que no se presten a interpretaciones o al fenómeno de la inferencia.[10] Inferencia significa sacar o deducir algo de otra cosa.

- **Resolver problemas**: En la comunicación con un cliente no perdamos el tiempo buscando «culpables» de los problemas que éste pueda tener con nuestro producto o servicio, y menos hacer de nuestros compañeros estos culpables (algunos vendedores creen que así se eximen de la responsabilidad, pero el mensaje ha de ser «en la empresa somos uno y todos somos vendedores»).

- **Prestar atención**: Mediante la escucha activa, otro síntoma de interés que mantendremos por nuestro interlocutor y del que hablaré más adelante, pues el tema merece incluso un test, que dispondremos para evaluar si tenemos esta capacidad o no.

- **Mirar hacia delante**: Todo acto tiene consecuencias, y nuestra comunicación también. Las palabras son como un bumerán, y si lo lanzamos bien volverá a nuestra mano después de recoger su fruto, si lo hacemos mal, nos volverá en algún momento y tal vez nos dé en toda la cabeza.

- **Empatía**: Si tuviera que destacar algún *facilitador* en especial dentro de la comunicación interpersonal y que tuviese

---

10. Ver página 169.

que ver sobremanera con esta comunicación «al corazón» del cliente, sería la empatía. En mis cursos siempre pregunto qué es la empatía, y recibo generalmente la siguiente respuesta: «ponerse en el lugar de los demás», pero ésta es una respuesta muy simple y a la vez sujeta a diversas interpretaciones. La empatía es la identificación mental y afectiva de una persona con el estado de ánimo de otra. La empatía describe la capacidad de una persona de vivenciar la manera en que se siente otro individuo pudiendo llevarnos a una mejor compresión de su comportamiento o de su forma de tomar decisiones. Esta capacidad está caracterizada por un esfuerzo objetivo y racional de comprensión intelectual de los sentimientos del otro, por lo que excluye los fenómenos afectivos (simpatía, antipatía) y los juicios morales. En el caso que nos ocupa, nuestra relación con los clientes y esa «venta desde el corazón», la empatía se tratará de la habilidad para entender las necesidades, sentimientos y problemas de nuestros clientes, conectando emocionalmente con ellos y respondiendo correctamente a sus reacciones emocionales.

Actividad

Dada la importancia de este concepto de empatía para nuestro propósito de dominar la venta desde el corazón, te invito a que realices la siguiente actividad: «Test de Empatía».

Actividad 3. «Test de empatía»[11]

Instrucciones:

¿Hasta qué punto logras ver las cosas según el punto de vista de los demás? Contesta con sinceridad a cada una de las siguientes

---

11. Este y otros tests en www.progresopersonal.com

preguntas eligiendo la respuesta que más se identifique con tu forma de pensar o de actuar:

1. A la hora de tomar decisiones en tu vida, como proponer cosas nuevas en el trabajo, iniciar alguna actividad de ocio o elegir un color nuevo para pintar tu casa, ¿sueles buscar la aprobación o el apoyo de las personas que te rodean?

    a) No, consideras que tu opinión es buena y que la de los demás no tiene por qué serlo siempre.

    b) Sí, pero sólo ante las decisiones que consideras demasiado importantes como para actuar precipitadamente.

    c) Sí, siempre que puedes consultas con los demás. Te equivocas con frecuencia y quieres hacer las cosas bien.

    d) Depende de la decisión. Sueles tener claro lo que vas a hacer, pero consideras las posibilidades que te ofrecen los demás.

2. Dos amigos te cuentan, cada uno por su lado, el motivo por el que se han enfadado, lógicamente cada uno te cuenta su versión:

    a) Tú crees al que es más amigo tuyo, ya que al ser más íntimo, es poco probable que no tenga razón.

    b) Consideras que ambos tienen razón, intentas ser objetivo con los dos dando tu opinión e intentas reconciliarlos.

    c) Ninguno tiene la razón y los dos la tienen. Intentas que hablen y arreglen sus desavenencias.

    d) No sabes por qué te meten a ti en sus problemas.

3. ¿Te consideras una persona poseedora de unos principios sólidos, duraderos e inalterables?

    a) Sí, lo considero una cualidad muy positiva.

b) No, tengo una base sólida de principios, pero me adapto a todas las circunstancias y personas.

c) Acepto todo lo que venga excepto cuando tocan alguno de mis principios.

d) Intento ser flexible y adaptarme, aunque no siempre puedo lograrlo.

4. A la salida del trabajo te encuentras a un compañero completamente deprimido porque le han criticado duramente su trabajo. El tuyo, sin embargo, ha sido muy alabado:

a) Hablas con él y le invitas a tomar algo para ahogar sus penas y para celebrar tu éxito.

b) Te paras a hablar con él y le prometes que le vas a ayudar para el próximo proyecto, pues a ti te salió bien.

c) Intentas que no te vea. El compañero te cae realmente bien, pero estás demasiado contento con tus resultados y no sabrías qué decirle.

d) Vas con él y le escuchas todo lo que necesite decirte. Intentas ser objetivo con respecto a su trabajo y le animas recordándole otras cosas buenas que ha hecho.

5. Un día sorprendes a un amigo realizando una acción que choca frontalmente con tus principios. Tú...

a) No dirías nada pero tu amistad no será nunca la misma. Te vas distanciando.

b) Seguir la amistad sería mucho pedir. Lo hablas con él, pero se acabó.

c) Haces un gran esfuerzo por comprender las causas que le han llevado a actuar así. Has hablado sobre el tema y aunque te sientas ofendido, si te necesita acudirás.

d) La amistad sigue, pero antes le has criticado su acción y le has dicho que estás en contra.

6. Te encuentras en una oficina municipal realizando una gestión. Como ya conoces el sitio y has hecho la gestión otras veces, sabes qué pasos has de dar, con quién tienes que hablar y qué papeles has de llevar. Enseguida ves a una persona que va a lo mismo que tú pero que no tiene ni idea de lo que hacer, tú...

a) Sigues tu camino, para todo el mundo siempre hay una primera vez y también están los mostradores de información.

b) No te gusta entrometerte en los asuntos de nadie, sólo si ves a esta persona muy apurada le indicarías.

c) Esta persona está en el mostrador equivocado, se lo adviertes amablemente y si te pregunta algo más se lo dices sin problemas.

d) Esta persona está en el mostrador equivocado, se lo adviertes amablemente y le ofreces tu ayuda.

7. En el comedor del trabajo ves a un compañero con su bandeja llena de comida que da un traspiés y se cae aparatosamente, toda la comida vuela y él se queda en una postura ridícula...

a) Te mondas de la risa, no lo puedes remediar.

b) Te ríes mucho. Entre todos le ayudáis a levantarse.

c) Disimulas tu risa. Lo levantáis y le ofreces un sitio en tu mesa.

d) Puede que se haya hecho daño, le preguntas mientras le ayudas, le haces un sitio en tu mesa pero no te ríes, la caída ha sido seria.

8. Corre un rumor relativamente serio en la empresa sobre una persona, aunque no está probado.

   a) Podría ser, pero hasta no demostrarse lo contrario la duda queda.

   b) Lo crees, lo dice mucha gente y tantos no estarán equivocados.

   c) No te gustan los rumores. Aunque fuera cierto es algo que sólo concierne a la persona implicada.

   d) No sabes, parece cierto y no te extraña nada, conociendo a la persona sobre la que ronda el rumor.

9. Un amigo tuyo ha conseguido un puesto de trabajo que a ambos os interesaba. Te enteras de que él sabía algo imprescindible para el puesto y que no te lo dijo...

   a) Te sienta un poco mal, pero era él o tú, quizá tú hubieras hecho lo mismo.

   b) Perdonas pero no olvidas, si esa es su actitud, contigo que no cuente más.

   c) Bueno, es lógico, el trabajo le interesaba tanto como a ti e hizo lo posible por conseguirlo.

   d) Te enfadas mucho, no jugó limpio, pero ya se la devolverás.

10. A un compañero tuyo le van las cosas mal. Él lo ve como una tragedia y se hunde...

   a) Entiendes que se deprima, pero tiene que despabilar si quiere salir de esta.

   b) Entiendes que se deprima, le ayudas en lo que puedas y le haces ver que tú estás ahí para lo que necesite.

   c) Entiendes que se deprima, le dices que las cosas no se arreglan hundiéndose y le ofreces tu ayuda.

d) Tampoco es para tanto, todo en esta vida tiene solución, y hundirse es prueba de debilidad.

Evaluación:

Cuenta la cantidad de 1, 2, 3 y 4 que has obtenido en las preguntas anteriores siguiendo las equivalencias establecidas en el siguiente cuadro										
Pregunta	**1**	**2**	**3**	**4**	**5**	**6**	**7**	**8**	**9**	**10**
a)	2	1	2	2	1	1	3	3	4	2
b)	3	4	3	1	2	2	1	2	1	4
c)	4	2	1	4	3	3	4	4	2	3
d)	1	3	4	3	4	4	2	1	3	1

Mayoría de 1. *De acuerdo con esta puntuación se diría que no sueles ponerte en el lugar del otro con frecuencia. Esto no quiere decir que no ayudes a los demás o que no te intereses por ellos, es seguro que sí, aunque lo hagas por otras razones. La empatía es una habilidad que siempre es conveniente desarrollar. Si entendemos las razones que otras personas tienen para actuar como lo hacen o los motivos que les han llevado a ser como son, nos será más fácil entenderles y aceptarles.*

Mayoría de 2. *Esta puntuación no es muy alta, pero no es una mala puntuación. Por lo general se diría que tratas de entender a los demás e intentas ver las cosas desde su punto de vista, pero no siempre lo logras. Es probable que la dificultad estribe en tu propio sistema de valores: lo tienes muy bien definido y por ello muchas actitudes o conductas de los otros te chocan o te resulta imposible comprenderlas.*

Mayoría de 3. *Este resultado indica que te resulta fácil adquirir diferentes puntos de vista y que te interesa comprender las actitudes, las ideas y los razonamientos de los demás. No es tarea fácil, ya que muy a menudo cuesta entender muchas de las actitudes que a diario vemos en los otros. Una buena puntuación en empatía es signo de flexibilidad mental, de apertura a lo distinto y de tolerancia hacia las ideas y* actitudes de los demás. Ello no implica que estemos de acuerdo con todo, si una persona por motivos como los religiosos, decide llevar un estilo de vida concreto, nosotros podemos entenderlo y respetarlo, pero vivir nuestra vida a nuestro modo. Es probable que los demás busquen tu amistad y que piensen que eres una persona en la que se puede confiar.

Mayoría de 4. De acuerdo con esta puntuación, que es la máxima, no te resulta nada difícil entender otras perspectivas de vida ni las conductas que producen. Tú aceptas a los demás tal y como son. Si estuvieras en la situación de tener que tomar una decisión profesional, de elegir estudios, sin duda podrías optar por las humanidades y el trabajo social. Sin embargo, ponerse en la piel de los demás puede resultar doloroso. También corres el riesgo de SIMPATIZAR con los otros, de tal manera que te impida ser todo lo objetivo que debieras, llegando a veces a justificar lo injustificable.

La degradación de la comunicación

Investigaciones realizadas han demostrado que entre lo que se quiere decir (100%), lo que se sabe decir (85%), lo que se dice (75%), lo que se oye (60%) lo que se escucha (50%), o lo que se comprende (40%), lo que se acepta (30%) y lo que se retiene (20%) la comunicación se degrada alarmantemente. ¿Qué hemos de hacer entonces ante esta situación, y máxime si aspiramos a «entrar» en el corazón de nuestros clientes? He aquí el decálogo de la excelencia para una comunicación eficaz:

1. **Organizar las ideas**. Saber lo que queremos decir antes de decirlo.

2. **Marcar un objetivo**. Examinar la verdadera finalidad de la comunicación.

3. **Considerar el contexto** físico y humano, tanto nuestro como de nuestro interlocutor.

4. **Comunicación no verbal**. Ser tan conscientes de la forma, los gestos y del tono a utilizar como del contenido.

5. **Interés por el otro**. Considerar los intereses y los juicios del interlocutor.

6. *Feedback*. Asegurar la correcta interpretación del mensaje.

7. **Responsabilidad**. Comunicar pensando en el futuro.

8. **Ejemplo**. Conseguir que las conductas sean coherentes con los mensajes.

9. **Escucha activa**. Preocuparse tanto de comprender como de ser comprendidos.

10. **Dedicación**. Disponer de tiempo suficiente y no precipitarse.

                    RECURSO EN INTERNET

Particularmente, y al igual que muchos otros profesionales con los que he colaborado, doy mucha importancia a la comunicación bidireccional o *feedback*. Para profundizar en este tema, te invito a que acudas al blog de este libro http://venderdesdeelcorazon.blogspot.com y te descargues el documento «La ventana de Johari», donde verás las oportunidades de mejora que tenemos por el buen uso del feedback en su petición y entrega.

Comunicación no verbal. El lenguaje corporal

«Para hacerse comprender lo primero que hay que hacer
con la gente es hablarle a los ojos.»

Napoleón

Una gran herramienta para el vendedor perspicaz es la identificación, el estudio y análisis de las señales corporales que emite
el cliente en la entrevista de ventas o en otros contactos, tanto
presenciales como por teléfono (sí, también el tono y la voz, la
vocalización, la sonrisa, etcétera, se pueden percibir por teléfono), para saber si estamos o no «conectados» con nuestro cliente.
**Existen señales positivas y señales negativas de comuni-
cación no verbal.** El identificarlas, tanto en nuestro comportamiento como en los de nuestros interlocutores, nos ayudará a
reorientar situaciones en que habremos perdido la conexión

con nuestro cliente o en las que reconoceremos que éste está interesado por nosotros como nosotros lo estamos por él. Veamos algunas de estas señales:

Señales positivas de «lenguaje corporal»

- Cara y boca «abiertas», no tapadas con las manos.

- Estar sentado recto o con una ligera inclinación hacia delante mostrando interés.

- Ojos abiertos y relajados, manteniendo el contacto recíproco con el interlocutor.

- Sonreír y reír ante algo divertido.

- Movimientos relajados y equilibrados.

- Arreglar la mesa del despacho antes de comenzar a trabajar.

- Apretón de manos firme y cálido.

- Apartar algo de la mesa que se interpone entre ambos interlocutores.

- Inclinarse rápidamente hacia el interlocutor para dar o recibir papeles, un bolígrafo, etc.

- Imitar o repetir involuntariamente gestos o palabras de la otra persona.

Insisto, es importante estar atento, reconocer estas señales como muestras de «sintonía» con nuestros clientes y aprovechar esta situación para conectar más eficazmente con ellos, pero aunque a veces estas señales positivas se nos puedan haber pasado por alto, seguro que sí hemos reconocido ¡y a la primera! las siguientes:

Señales negativas de «lenguaje corporal»

- Inclinarse hacia atrás, cruzando manos o brazos (el cliente parece estar a la expectativa y/o en desacuerdo con nosotros).

- Girar la silla, apartándose del interlocutor (a veces incluso mirando al infinito y pensando no sabes qué).

- Un apretón de manos frío o de compromiso (con casi temor por el roce).

- Las manos ocultas o los puños cerrados o *semicerrados* (casi parece que *esconde un arma*: enseñar y darse la manos tiene como origen demostrar al otro que uno no lleva una).

- Esconder la cara con las manos, haciéndolas servir como una máscara.

- Fruncir el ceño y las cejas. Negar con la cabeza (¿más claro?).

- Respirar de manera profunda, con tedio. Bostezar (el *summum*).

- Atender inmediatamente el teléfono como si se esperase el más pequeño motivo para interrumpir nuestra conversación (y posponer la conversación telefónica con «aire de misterio», teniéndonos delante («te llamo en dos minutos»: ya puedes recoger).

- Movimientos de impaciencia: ruiditos con los dedos, pestañear con exceso, etcétera (sus nervios nos ponen nerviosos ¿verdad?).

Proxémica/proxemia

El término *proxémica* fue propuesto por el antropólogo Edward T. Hall[12] en 1963 para describir las distancias mesurables entre las personas mientras interaccionan entre sí. El término *proxemia* se refiere al empleo y a la percepción que el ser humano hace de su espacio físico, de su intimidad personal, de cómo y con quién lo utiliza.

Hall hacía notar que diferentes culturas mantienen diferentes estándares de espacio interpersonal. En las culturas latinas, por ejemplo, esas distancias relativas son más pequeñas, y la gente tiende a estar más cómoda cerca de los demás. En las culturas nórdicas es lo contrario. Darse cuenta y reconocer estas diferencias culturales mejora el entendimiento intercultural, y ayuda a eliminar la incomodidad que la gente pueda sentir si la distancia interpersonal es muy grande o muy pequeña dependiendo de la cultura con la que trate. Adicionalmente, las distancias personales también dependen de la situación social, el género y la preferencia individual. Hall dividió su estudio de la siguiente manera:

- **Espacio fijo**: es el marcado por estructuras inamovibles, como las fronteras de los países.

- **Espacio semi-fijo**: espacio alrededor del cuerpo. Varía en función de las culturas, ya que cada cultura estructura su espacio físico. Este espacio puede ser invadido. Si se utiliza un territorio ajeno con falta de respeto (por ejemplo, ocupar dos asientos con bolsas cuando hay gente de pie) se da una violación del terreno.

Por otro lado, Hall notaba que la distancia social entre la gente está generalmente correlacionada con la distancia física, y describía cuatro diferentes tipos de distancia. Estas distancias serían subcategorías del espacio personal o informal.

---

12. Ver página 168

ZONA ÍNTIMA	ZONA PERSONAL	ZONA SOCIAL	ZONA PÚBLICA
Personalmente cerca	Zona personal para las reuniones sociales	La zona social separa a los extraños	En la zona pública se realizan charlas, conferencias, etc.
Entre 0 y 45 cm	Entre 45 y 120 cm	Entre 120 y 350 cm	Más de 350 cm
Para tolerar esta distancia se debe estar emocionalmente unido. En esta zona también pueden intervenir el olfato y el tacto.	La mano todavía puede alcanzar a aquel con quien se mantiene un diálogo. En la distancia personal los sentidos como el tacto no participan, ni tampoco el del olfato. Esta distancia es la que normalmente se da en una reunión social, conversaciones, etc.	Se utiliza con aquellos con quienes no se tiene ninguna relación amistosa y cuando se realiza el encuentro es solamente por obligación o trabajo.	El tono de voz suele ser más alto, y el lenguaje y expresiones más cuidados. Esta distancia se utiliza sobre todo en conferencias, charlas o coloquios. Concede autoridad y poder.

Los gestos con las palmas

El gesto de exhibir las palmas de las manos se ha asociado siempre a la verdad, honestidad, deferencia y lealtad. Como he comentado antes, su origen es de épocas pasadas, cuando el hombre llevaba armas habitualmente y podía llevarlas ocultas en sus ropas; enseñar las palmas demostraba no tener ningún arma en las manos y otorgaba confianza a las partes. Por ello es importante tenerlas siempre a la vista (no debajo de la mesa, no ocultas en las axilas, ni detrás del cuerpo o cuello), ya que inconscientemente enviaríamos un *input* negativo, aunque nuestro interlocutor no comprendiese su origen.

Además, la palma hacia arriba denota sumisión, la palma hacia abajo denota autoridad, la palma cerrada con un dedo extendido, es un gesto imperativo y por lo tanto irritante.

- *Apretón de manos*: Fundamentalmente delata tres actitudes (sumisión, dominio e igualdad). La sumisión se transmite cuando la palma mira hacia arriba, la de dominio cuando mira hacia abajo y la de igualdad cuando las palmas están verticales. La presión cuando damos la mano también es comunicación. Dar la mano blanda produce rechazo. Triturar la mano transmite rudeza y agresividad.

- *Frotarse las manos:* Comunica una expectativa positiva. La velocidad en que se frota las manos indican quién será el receptor del beneficio esperado.

- *Dedos entrelazados:* A primera vista parece una actitud positiva, pero este gesto denota frustración o una actitud hostil. La persona que realiza este gesto está disimulando una actitud negativa. La intensidad de la actitud negativa está en relación a la altura en que se encuentran las manos, cuanto más altas mayor intensidad.

- *Cogerse la muñeca:* Si es por detrás y son las manos, no la muñeca, indica autoridad y serenidad. Cuando una persona se coge la muñeca es señal de frustración e intento de autocontrolarse, cuanto más indignada se sienta la persona, más arriba se llevará la mano que coge.

- *Dedo pulgar:* Se usa para expresar dominio, autoridad e incluso agresión.

- *Manos en ojiva:* Es de los pocos gestos que suele ser significativo en sí mismo y fuera del contexto. La persona confiada y segura de sí misma suele realizar este gesto con mayor frecuencia que los demás. Puede realizarse con la ojiva hacia arriba (cuando la persona está opinando y habla) y con la ojiva hacia abajo (cuando está escuchando).

Las manos en la cara delatan multitud de actitudes encubiertas, el mejor ejemplo es el de los tres monos sabios,[13] que no ven, ni dicen, ni escuchan lo malo.

---

13. Ver página 171.

Cuando vemos, decimos o escuchamos una mentira, a menudo intentamos taparnos los ojos, la boca o los oídos con las manos. Esta reacción se puede ver fácilmente con los niños, aunque después, de mayores, aún conservamos el reflejo y lo continuamos realizando, pero con disimulo. Cuando decimos una mentira casi siempre aparece un gesto de llevarse la mano a la cara.

 RECURSO EN INTERNET

Para ilustrarte gráficamente sobre este tema, te invito a que acudas al blog de este libro –amvinuela.blogspot.es– y veas el «clip»: «Las manos». Una escena de otro documental sobre la imitación de gestos y varias curiosidades más al respecto.

Gestos habituales cuando estamos «inventando» o incluso mintiendo (si los identificamos conscientemente, podremos saber si nuestro interlocutor es o no sincero con nosotros, todo esto lo veremos ampliamente en el capítulo final dedicado a la PNL –*Programación Neurolingüística*– de este libro):

* Taparse o tocarse la boca.

* Tocarse la nariz.

* Frotarse un ojo.

* Frotarse la oreja.

* Rascarse el cuello, justo debajo del lóbulo de la oreja.

Escondernos detrás de una barrera es una respuesta humana normal, y la aprendemos desde la infancia para protegernos. De niños nos escondíamos detrás de mesas, sillas, etcétera, y de mayores, al volverse más refinada nuestra conducta, utilizamos los brazos.

La persona que se cruza de brazos comunica una actitud defensiva, negativa o nerviosa, demostrando que se siente amenazada. Los estudios científicos realizados hasta la fecha indican que las personas a las que se obliga a estar con los brazos y piernas cruzados, adoptan pensamientos negativos sobre el que habla, y su nivel de atención es inferior a los que no realizan el citado cruce.

Los brazos se cruzan sobre el pecho para esconderse de una situación desfavorable. Cuando, además, la persona cierra los puños, la señal deja de ser de defensa para pasar a ser de hostilidad.

Cruce de brazos parcial: Cogerse un brazo, cogerse las manos por delante, son gestos que indican temor e intentan minimizar el nerviosismo (lo descrito para los brazos es muy similar para las piernas).

Conversaciones con un vendedor

En mis reuniones con Gonzalo, el vendedor que quería recuperar «la gracia de la venta emocional», nos retábamos a veces con diferentes actuaciones referidas a nuestros gestos y expresiones, cambiando muchas veces de tema repentinamente y realizando algunos gestos que esperábamos que el otro repitiera. Gonzalo, además, me contaba sus experiencias en algunas visitas recientes:

—El otro día fui a visitar a un cliente y desde el almacén me hicieron subir a la oficina y pasar a su despacho. Cuando entré, pues estaba la puerta abierta, el cliente estaba hablando por teléfono y no se levantó, y sin apenas mirarme me hizo un ademán de que pasara y me sentara, pero la única silla disponible ¡estaba llena de papeles y muestras!

—¿Y qué hiciste? —le pregunté.

—Pues mira, dejé mis cosas en el suelo y con una enorme sonrisa cogí todos los papeles y las muestras y las puse en un mueble auxiliar, acto seguido recogí mis cosas y me senté, apartando algunos papeles para poner mi catálogo y mi agenda en su mesa.

—Tomaste la iniciativa…

—Sí, y esto le pareció bien, pues inmediatamente se levantó y dijo a quien estuviera al otro lado del teléfono: «Luego te llamo, tengo una visita». Si llego a quedarme de pie aún estaría allí esperando…

—Creo que sí. Hiciste bien, tomaste la iniciativa y tu comunicación no verbal, sonriendo y adecuando el espacio le haría pensar a tu cliente que eras una persona con soluciones, sin miedo… eso le dio confianza.

—Pues sí, al acabar la entrevista me invitó a tomar un café en la máquina del almacén y me enseñó sus instalaciones. Al despedirnos me dio un fuerte y sincero apretón de manos, y además… esta semana le hemos enviado su primer pedido.

Pero ¿cómo asegurar una correcta comunicación «desde el corazón»?, me preguntaba tras mis reuniones con Gonzalo y después de las jornadas de formación a otros vendedores que estaba dando por aquellas fechas. Tenía que fijarme un objetivo y saber qué hacer en cada momento, entender el resultado de mis acciones. La respuesta la fui anotando en un gráfico:

OBJETIVO	ACCIÓN	MOMENTO	RESULTADO
Captar la atención de nuestro interlocutor. Manifestar nuestro interés por él.	Hacer preguntas: • Que hagan pensar. • Que sean acerca del tema que estamos tratando. • Cuya respuesta no sea sí/no (respuestas no cerradas).	• Si se trata de mensajes que implican cambios. • Si se trata de temas nuevos. • Si implica cambio de rutinas.	La respuesta es *feedback*, respuestas abiertas que generan más confianza por parte del cliente y de las que obtenemos más información para seguir demostrando nuestro interés por él.
Transmitir correctamente el mensaje. Demostrar nuestra profesionalidad.	Vigilar tanto el FONDO (qué, cómo, cuándo, dónde y por qué) como la FORMA (claro, concreto y conciso).	• En todo momento, pero especialmente ante nuevas oportunidades de entablar relaciones con nuevos clientes que no conocemos ni nos conocen tan bien.	Ayudamos a comprender los puntos más relevantes de nuestra conversación con terceros y manifestamos profesionalidad y rigor en estos contactos.
Controlar la comprensión del otro. Asegurarnos de haber «conectado».	Hacer que nuestro interlocutor nos diga con SUS palabras lo que ha comprendido.	• Si se ha de utilizar un lenguaje no dominado por el interlocutor. • Si es un mensaje necesariamente largo. • Si no se puede evitar que la cadena de transmisión sea larga.	Nos aseguramos de que nuestro cliente nos ha entendido en todos los detalles y que no se producirá inferencia alguna («yo entendí que», «pero usted dijo que…») tras nuestra comunicación.

La escucha activa

> «Hablar es una necesidad, escuchar es un arte.»
>
> GOETHE
> *Escritor y científico, s. XVIII-XIX*

Pero claro, en la comunicación «entre dos» lo fundamental es escuchar, y para ello debemos practicar lo que se denomina «escucha activa». Ésta consiste en esforzarse en escuchar, escuchar y escuchar. Y es activa porque manifiesta implicación e interés por el otro, siendo a la vez objetiva porque se trata de «escuchar desde el punto de vista del otro». La escucha activa pretende:

- **Reducir la distancia** que nos separa del otro, reduciendo sus dudas y temores, haciéndole sentirse bien con nosotros.

- **Centrar permanentemente el tema**, reconduciéndolo hacia los objetivos marcados entre ambos (estamos aquí ahora, hagamos lo que hemos venido a hacer, sobre el tema en concreto, sobre nuestra relación comercial).

- **Ayudar a nuestro interlocutor** a que se haga preguntas a partir de sus propias palabras y actitudes (imaginemos lo útil que es en una entrevista de ventas que nuestro cliente sea quien se haga las preguntas que le haríamos nosotros para descubrir sus necesidades y deseos).

Y... ¿cómo actuar para ejercitar la escucha activa?

- **Hacer uso de preguntas abiertas**, que permitan a nuestro interlocutor explayarse de forma sincera y cómoda.

- **Transformar en positivo**[14] todo lo que nuestro interlocutor dice en negativo (es curioso, pero esta demostrado que la mayoría de nuestra comunicación es negativa aunque queramos decir lo contrario).

- **Hacer un resumen** de los puntos de acuerdo de la conversación durante y al final de la conversación.

Pero a veces nos bloqueamos mentalmente y no practicamos la escucha activa, algunos de estos bloqueos son:

- Compararse con el interlocutor (lo que me pasó fue peor).

- Leer el pensamiento (lo que en realidad me quiere decir es...).

- Ensayar la respuesta (yo diré, el dirá, después yo diré...).

- Filtrar expectativas (entiendo lo que se ajusta a mis expectativas).

- Juzgar (etiqueto al interlocutor y busco pruebas que me den la razón).

- Soñar (un detalle pone en marcha una asociación de ideas).

---

14. Ver página 174.

- Identificarse (relaciono lo que me dicen con una experiencia pasada).

- Aconsejar (antes de que la persona acabe de hablar, busco soluciones o consejos).

- Discutir (soy demasiado rápido cuando no estoy de acuerdo).

- Presuponer que tengo razón (haré lo posible para no contradecirme).

- Cambiar de tema súbitamente.

- Buscar la aprobación del otro (quiero agradar a la gente y apruebo sus ideas).

Actividad

Para finalizar con esta competencia de la comunicación interpersonal para poder llegar al corazón de nuestros clientes, veamos si nosotros practicamos la escucha activa realizando la siguiente actividad: «Test de Escucha Activa».

Actividad 4. Test de escucha activa[15]

Instrucciones:

Este es un ejercicio simple para autoevaluación de nuestra capacidad de escucha. Por favor, marca una opción (S: sí / N: No) en los espacios de la derecha de la tabla y observa con atención las instrucciones para la puntuación y autoevaluación del test que encontrarás al finalizar la tabla.

---

15. Este es un test muy popular que se halla en numerosas páginas de internet. Como en todos los tests, hay que mantener una cierta prudencia a la hora de valorar su resultados, pues se aconseja que no se tomen por definitivos y se interpreten tan solo de forma «aromática» sobre ciertas tendencias y rasgos de nuestra personalidad. *(Nota del autor)*

	PREGUNTAS	S	N
1	Si me doy cuenta de lo que el otro está por preguntar, me anticipo y le contesto directamente, para ahorrar tiempo...		
2	Mientras escucho a otra persona, me adelanto en el tiempo y me pongo a pensar en lo que le voy a responder.		
3	En general procuro centrarme en qué está diciendo el otro, sin considerar cómo lo está diciendo...		
4	Mientras estoy escuchando, digo cosas como Ajá! Hum... Entiendo... para hacerle saber a la otra persona que le estoy prestando atención.		
5	Creo que a la mayoría de las personas no le importa que las interrumpa, siempre que las ayude en sus problemas.		
6	Cuando escucho a algunas personas, mentalmente me pregunto ¿por qué les resultará tan difícil ir directamente al grano?		
7	Cuando una persona realmente enojada expresa su bronca, yo dejo simplemente que lo que dice «me entre por un oído y me salga por el otro».		
8	Si no comprendo lo que una persona está diciendo, hago las preguntas necesarias hasta entenderla.		
9	Solamente discuto con una persona cuando sé positivamente que estoy en lo cierto.		
10	Dado que he oído las mismas quejas y protestas infinidad de veces, generalmente me dedico mentalmente a otra cosa mientras escucho.		
11	El tono de la voz de una persona me dice, generalmente, mucho más que las palabras mismas.		
12	Si una persona tiene dificultades en decirme algo, generalmente la ayudo a expresarse.		

	PREGUNTAS	S	N
13	Si no interrumpiera a las personas de vez en cuando, ellas terminarían hablándome durante horas.		
14	Cuando una persona me dice tantas cosas juntas que siento superada mi capacidad para retenerlas, llevo a mi mente otra cosa para no alterarme.		
15	Si una persona está muy enojada, lo mejor que puedo hacer es escucharla hasta que descargue toda la presión.		
16	Si entiendo lo que una persona me acaba de decir, me parece redundante volver a preguntarle para verificar.		
17	Cuando una persona está equivocada acerca de algún punto de su problema, es importante interrumpirla y hacer que replantee ese punto de manera correcta.		
18	Cuando he tenido un contacto negativo con una persona (discusión, pelea...) no puedo evitar seguir pensando en ese episodio... aun después de haber iniciado un contacto con otra persona.		
19	Cuando respondo a las personas, lo hago en función de la manera en que percibo cómo se sienten.		
20	Si una persona no puede decirme exactamente qué quiere de mí, no hay nada que yo pueda hacer.		

Evaluación

A través de las respuestas evaluaremos nuestra capacidad para:

1) Escuchar sin interrumpir.

2) Escuchar prestando 100% de atención.

3) Escuchar más allá de las palabras.

4) Escuchar incentivando al otro a profundizar.

1. Escuchar sin interrumpir, ¡y menos contradecir!

Preguntas 1, 5, 9, 13, 17 — 1 punto por cada NO

5 puntos	Sabes escuchar sin interrumpir. Tu paciencia te permitirá generar muy buenas relaciones.
3-4	A veces te pones a hablar «encima» de la otra persona. Si permites que las personas terminen antes de comenzar a hablar, tus contactos serán más simples y satisfactorios.
0-2	Pareces estar tan ansioso por hablar que no puedes escuchar. ¿Cómo puedes relacionarte con las personas si no las escuchas?

2. Escuchar prestando 100% de atención

Preguntas 2, 6, 10, 14, 18 — 1 punto por cada NO

5 puntos	Tienes la disciplina y serenidad para prestar a las personas la atención que merecen. Esto te permitirá desarrollar excelente relaciones interpersonales. ¡Felicitaciones!
3-4	Si lograras no desconcentrarte, lograrías contactos personales más duraderos y satisfactorios.
0-2	Seguramente con frecuencia te encuentras diciendo: ¿Qué? ¿Cómo? ¿Qué dijo? Reconoce que entender a las personas requiere el 100% de tu atención...

3. Escuchar más allá de las palabras

Preguntas 3, 7 – 1 punto por cada NO

Preguntas 11, 15, 19 –1 punto por cada SÍ

5 puntos	Eres un oyente empático, logras percibir cómo se sienten las personas con quienes hablas, tienes la capacidad para entender y ayudar a las personas.
3-4	Te das cuenta de cómo se sienten las personas, pero le das más peso al mensaje explícito.
0-2	No pareces darte cuenta de cómo se sienten las personas con quienes hablas.

4. Escuchar incentivando al otro a profundizar

Preguntas 4, 8, 12 – 1 punto por cada SÍ

Preguntas 16, 20 – 1 punto por cada NO

5 puntos	Haces todo lo necesario para que la otra persona se pueda expresar. Lograrás contactos muy satisfactorios.
3-4	Eres un oyente activo, pero no estás haciendo todo lo posible.
0-2	Pareces no querer involucrarte demasiado en tus contactos.

2.2. Competencias sociales II: Asertividad

«Cualquiera puede enfadarse, esto es algo muy sencillo. Pero enfadarse con la persona adecuada, en el grado exacto, en el momento oportuno, con el propósito justo y del modo correcto, eso ciertamente no resulta tan sencillo.»

ARISTÓTELES
Filósofo griego, s. IV a.C.

¿Qué es la asertividad? Es la capacidad de relacionarse y comunicarse con los demás desde el respeto a uno mismo y respetando a los otros. La asertividad es la capacidad de hacer valer nuestra opinión delante de otros sin herir su sensibilidad. Ser asertivo consiste en ser capaz de plantear y defender un argumento, una reclamación o cualquier postura desde una actitud de confianza en uno mismo, aunque contradiga lo que digan otras personas, lo que hace todo el mundo o lo que se supone que es «lo correcto». Pero, ¿qué no es la asertividad? En su libro *La asertividad para gente extraordinaria*, Eva Bach y Anna Forés[16] nos dicen:

> **"**La asertividad es un recurso para un encuentro más próximo, más respetuoso, más honesto y también más humano con los otros. Asertividad no significa afirmarse uno pese a quien le pese. De ser así se contravienen los derechos del otro y en lugar de orientarnos hacia el encuentro y el intercambio verdadero, nos encaminamos hacia el cultivo del propio ego, el sometimiento del otro y la prepotencia. Además, entendida como mera afirmación, la asertividad no soluciona nada, puesto que los enfados y desavenencias se resuelven en el plano emocional, cuando se encuentran los sentimientos, y no en el verbal, recurriendo a una expresión determinada.**"**

La asertividad es, por tanto, una habilidad que nos ayudará a desarrollar nuestras habilidades sociales de comunicación y relación, pero que para que estas habilidades lleguen a la excelencia personal y nos ayuden a acercarnos y entendernos eficazmente con los demás, tienen que tener en cuenta la empatía y sustentarse en un verdadero interés por el otro.

---

16. Ver página 169.

QUÉ ES LA ASERTIVIDAD	QUÉ NO ES LA ASERTIVIDAD
Es una conducta.	Un rasgo de la personalidad.
Se suele aprender (incluso desde la infancia).	No es hereditaria ni genética.
Es respeto con uno mismo y con los demás.	No es una conducta manipuladora.
Permite solucionar mejor los conflictos.	No es una solución mágica para los conflictos.
Tiene como objetivo conseguir lo que la persona considera mejor para ella y más justo para los otros.	No es una conducta que sirva para conseguir uno siempre lo que quiere.
Facilita la comunicación y tiene como objetivo una relación eficaz con los demás.	No es un método para convencer a los otros de lo que uno piensa.
Obliga a las personas a ser responsables de su conducta.	No es una conducta que permita ser cínico o irresponsable.
Tiene consecuencias favorables para las dos partes de un conflicto.	No es una conducta que favorezca únicamente a la persona que es asertiva.

La asertividad es un comportamiento verbal (lo que se dice) y no verbal (cómo se dice), que defiende nuestros derechos personales al mismo tiempo que se respetan los derechos de los demás. Así, una persona se comporta asertivamente cuando:

- Conoce cuáles son sus derechos e intereses personales.
- Los defiende mediante una serie de habilidades de conducta.
- Estas habilidades le permiten ser objetiva y respetuosa consigo misma y con los demás.

Los comportamientos no asertivos pueden ser de dos tipos: agresivos y pasivos. Lo que nos lleva a distinguir tres tipos de conductas:

- **Conducta pasiva**: No se expresan los sentimientos y pensamientos, o se expresan de manera ineficaz, negativa e inadecuada (excusas, sin confianza, con temor...). Sólo tiene en cuenta los derechos de los demás.

- **Conducta agresiva**: Se expresan sentimientos, ideas y pensamientos, pero sin respetar a los demás, emitiendo normalmente conductas agresivas directas (insultos, agresión física) o indirectas (comentarios o bromas sarcásticas, ridiculizaciones). Sólo tiene en cuenta sus propios derechos.

- **Conducta asertiva**: Se expresan directamente sentimientos, ideas, opiniones, derechos, etcétera, sin amenazar, castigar o manipular a otros. Respeta los derechos propios y los de los demás.

Veamos cuáles serían los diferentes estilos de respuestas ligados a estas tres conductas en la tabla siguiente:

CONDUCTA PASIVA	CONDUCTA AGRESIVA	CONDUCTA ASERTIVA
Frases genéricas. No se dice nada o se utilizan expresiones indirectas. «Quizá...», «No tiene importancia pero...».	Frases en segunda persona. Acusaciones, críticas y exigencias: «Deja de...», «Sería mejor que...», «Ten cuidado».	Frases en primera persona. Expresión de preferencias y ruegos: «Pienso», «Siento», «Me gustaría».
Tono de voz bajo. Discurso dubitativo y vacilante.	Tono de voz elevado. Discurso rápido y atropellado.	Tono de voz firme y audible. Discurso calmado.
Contacto visual mínimo. Postura corporal hundida.	Mirada fija y agresiva. Postura tensa.	Contacto visual. Postura corporal firme pero relajada.

Actividad

Para finalizar con esta competencia de la comunicación interpersonal para poder llegar al corazón de nuestros clientes, veamos si nosotros practicamos la asertividad realizando la siguiente actividad: «Conductas».

Actividad 5. Conductas asertivas, pasivas y agresivas. ¿Cual sería la tuya?

Instrucciones:

- Marca la respuesta que mejor representa cómo reaccionarías tú en cada situación, no la que consideres como la respuesta correcta.

- Indica también cuáles son a tu entender los tres tipos de conductas –asertiva, agresiva y pasiva– entre las tres opciones:

1. Trabaja para una empresa que tiene una firme política de igualdad de oportunidades. Uno de sus empleados que está a su cargo ya ha sido advertido por sus comentarios racistas. Usted lo escucha contar chistes racistas a otros colegas.

   a) Ya te expliqué por qué tales chistes resultan ofensivos. Además, es la política de la empresa no usar lenguaje sexista o racista en la oficina. ¿Tienes algún problema con esto que desees discutir?

   b) Sé que piensas que los chistes racistas son graciosos. Si fuera por mí… pero son las reglas, sabes, y si el jefe te oye, soy yo quien tendrá un problema.

   c) Ya se te habló anteriormente sobre expresar opiniones racistas. Ésta es la última advertencia. Si desobedeces de nuevo las reglas de la empresa, serás despedido.

2. Ha recibido quejas acerca del comportamiento ofensivo de una de sus subordinadas. Usted la hace venir a su despacho para hablar sobre el problema. Antes de que pueda iniciar la discusión, ella dice entre sollozos: «Ya sé de lo que se trata; sé que he sido poco cortés y hasta ruda con algunos clientes recientes, pero es que estoy muy preocupada, mi esposo se está sometiendo a unas pruebas debido a una enfermedad de la sangre».

a) Me parece muy bien, pero su actitud está repercutiendo en el negocio. Tiene que dejar los problemas en casa y rendir al cien por cien en el trabajo mientras esté aquí.

b) Lo lamento muchísimo; no sabía que estuviese enfermo. Si hay algo que yo pueda hacer... ¿Le ayudaría hablar con alguien del departamento de recursos humanos?

c) Ya sabía que tenía que haber una explicación. Lamento que tenga problemas en casa. Sin embargo, es necesario que el personal mantenga cierto nivel y hemos recibido quejas que tenemos que solucionar.

3. Un miembro de su equipo ha cometido un pequeño error que se le pasó por alto a usted pero no a superior. Éste entra repentinamente en su despacho y dice: «Estos componentes no son los correctos. ¡Usted es tan descuidado que no entiendo que sea el supervisor!».

a) Tiene usted razón. Lo siento mucho… debería haberlo comprobado. No sucederá de nuevo. Me encargaré de este asunto enseguida.

b) ¿Se ha levantado con el pie izquierdo esta mañana? Voy a ignorar su comentario; evidentemente usted no es usted mismo esta mañana.

c) Lamento que se cometiera un error en ese pedido. Sin embargo, está usted equivocado al decir que soy un descuidado, y me molestan sus comentarios acerca de mi capacidad como supervisor. Mi nivel y el de mi equipo es alto. Los errores ocurren a veces.

Resultados

1. a) asertiva b) pasiva c) agresiva

2. a) agresiva b) pasiva c) asertiva

3. a) pasiva b) agresiva c) asertiva

2.3. Competencias cognitivas:[17]
Autoestima y conocimiento de uno mismo

> «Aquel que conquista a otros es fuerte;
> aquel que se conquista a sí mismo es poderoso.»
>
> Lao–Tse
> *Filósofo chino, s. VI a.C*

Un aspecto muy importante de la personalidad del ser humano que demuestra la esencia de su identidad es la capacidad que la persona tiene para desarrollarse en cualquier actividad en la sociedad; no digamos ya en la venta y en estos tiempos de turbulencia, donde será necesaria toda su capacidad para controlar su entorno, sus emociones y sentimientos. El conseguirlo seguro que aumentará su autoestima. La autoestima es una de las competencias personales más importantes del individuo, que deriva

---

17. Ver página 166.

de un sincero autoconocimiento, la capacidad de autorregularse y la de auto-motivarse.

Estas competencias personales, definidas como «conjunto de capacidades que nos permiten formar un modelo exacto y real de nosotros mismos y utilizarlo para desenvolvernos de manera eficiente en la vida», estarían agrupadas según el siguiente gráfico:

COMPETENCIAS PERSONALES		
AUTOCONOCIMIENTO	**AUTORREGULACIÓN**	**AUTOMOTIVACIÓN**
Significa reconocer los propios estados de ánimo, las propias fortalezas, debilidades, emociones e impulsos, así como el efecto que tienen sobre los demás y sobre el trabajo. Esta competencia se manifiesta en personas con habilidades para juzgarse a sí mismas de forma realista, que son conscientes de sus propias limitaciones y admiten con sinceridad sus errores, que son sensibles al aprendizaje y que poseen un alto grado de autoconfianza.	Es la habilidad de controlar nuestras propias emociones para adecuarlas a un objetivo, de responsabilizarnos de los propios actos, de pensar antes de actuar y de evitar los juicios prematuros. Las personas que poseen esta competencia son sinceras e íntegras, controlan el estrés y la ansiedad ante situaciones comprometidas y son flexibles ante los cambios o las nuevas ideas.	Es la habilidad de estar en un estado de continua búsqueda que nos permite persistir en el camino hacia los objetivos marcados, haciendo frente a los problemas y encontrando soluciones. Esta competencia se manifiesta en las personas que muestran un gran entusiasmo por su trabajo y por el logro de las metas por encima de la simple recompensa económica, con un alto grado de iniciativa y compromiso, y con gran capacidad optimista en la consecución de sus objetivos.
AUTOCONCIENCIA	**AUTOCONTROL**	**LOGRO**
Identificar las propias emociones y sus posibles efectos.	Mantener vigiladas las emociones y los impulsos.	Esfuerzo por mejorar o alcanzar un estándar de excelencia laboral.

AUTOVALORACIÓN	CONFIABILIDAD	COMPROMISO
Conocer las fortalezas y limitaciones propias.	Mantener estándares adecuados de honestidad e integridad.	Alinearse con las metas del grupo u organización.
AUTOCONFIANZA	**CONCIENCIA**	**INICIATIVA**
Un fuerte sentido del valor y capacidad propia.	(compromiso consigo mismo): asumir las responsabilidades del propio desempeño.	Disponibilidad para reaccionar ante las oportunidades.
	ADAPTABILIDAD	**OPTIMISMO**
	Flexibilidad en el manejo de las situaciones de cambio.	Persistencia en la consecución de los objetivos, a pesar de los obstáculos y retrocesos que puedan presentarse.
	INNOVACIÓN	
	Sentirse cómodo con la nueva información, las nuevas ideas y las nuevas situaciones.	

Autoestima es «la capacidad que tiene la persona para valorarse, amarse, apreciarse y aceptarse a sí misma». En el mundo de las ventas navegan muchos hombres y mujeres deseando el éxito sin haber dado un vistazo a su interior y descifrar su nivel y calidad de autoestima, ya que de acuerdo a esta, así va a ser su éxito. Un vendedor con baja autoestima no se va a sentir capaz de enfrentarse y comunicarse emocionalmente con su cliente, no va a poder «vender desde el corazón» y por tanto le será muy difícil cerrar la venta, lo que normalmente le hará rebajar su nivel de autoestima al no conseguir sus metas (es «la pescadilla que se muerde la cola»).

Los vendedores con baja autoestima desean alcanzar sus metas pero no logran materializar la lucha con la constancia necesaria para lograrlas y empiezan a encontrar razones que justifican su fracaso (la crisis, la competencia y sus agresivas políticas de precios, los miedos de sus clientes, el producto, el servicio, la empresa…) Pero ojo, pues el vendedor con excesiva autoestima será incluso capaz de enfrentarse a su cliente –pero no comunicarse emocionalmente y menos «de corazón a corazón»– y terminará perdiendo su respeto en alguna manera.

Es necesario que el vendedor tenga una autoestima equilibrada y sana para lograr ser entusiasta, amable, *empático* y logre conectarse con el lenguaje emocional de su cliente para conseguir su confianza, descartar sus miedos y cerrar el mayor numero de ventas. La pregunta es: ¿cómo lograrlo?

Veamos algunos principios para la formación de nuestra autoestima:

- Nunca es tarde para lograr convertirse en una persona triunfadora, nunca es tarde para convertirse en un vendedor de alto rendimiento.

- Primeramente hemos de empezar arreglando sus relaciones familiares, lograr afinidad con nuestros padres, hijos y pareja.

- Hagamos una lista de unas diez acciones que nos motiven en nuestro desarrollo profesional y personal. *Por ejemplo*:

  - Hacer ejercicio todos los días.

  - No consumir tabaco ni alcohol (cuando menos en exceso).

  - Alimentarse adecuadamente (solemos comer fuera, atención con los menús ricos en sal y colesterol).

  - Leer libros y artículos de autoayuda, hacer algún curso de formación y/o reciclaje.

  - Desarrollar relaciones con clientes, proveedores, competidores, asociaciones…

– Y seguro que hay otras acciones que te ayudarán a motivarte y desarrollarte integralmente todos los días.

Muchas veces queremos tratar los problemas de autoestima en las personas solamente desde una perspectiva emocional, pero debemos comprender que si nuestro cuerpo se encuentra en mal funcionamiento (*mens sana in corpore sano*), nuestras emociones van a resentirse por estas deficiencias y nuestras percepciones no van a ser tan agudas para entender la comunicación emocional de los clientes.

Según el *coach* y consultor Axel Pineda[18] existen cinco principios para la formación de nuestra autoestima. Además de la asertividad (dedicaremos parte de este capítulo a desarrollar esta competencia) y de los valores (de los que hemos hablado anteriormente), los tres principios restantes serían:

1. **La resiliencia**. *Este principio consiste en la capacidad del ser humano para crecer, madurar y desarrollarse sobreponiéndose a las adversidades y salir airosos o transformados.*

2. **Un proyecto de vida**. *Un proyecto de vida le da un porqué y un para qué a la existencia humana. Un proyecto de vida ayuda al vendedor de alto rendimiento a tener clara y definida cada meta propuesta; al mismo tiempo le lleva a luchar contra obstáculos para cumplir con sus metas propuestas. Un proyecto de vida trae seguridad al vendedor sobre la empresa para la cual trabaja.*

3. **Aceptación de uno mismo**. *Para ser vendedores de alto rendimiento tenemos que aceptarnos tal como somos. Vivir sin sentimientos de culpa, vivir sin orgullo, sin soberbia, o frustración. «Para aceptarse a sí mismo es necesario mirar el pasado, y creer con el corazón que nada del sufrimiento, ni el dolor fue culpa nuestra, y que todo lo que sucedió en nuestra vida, sucedió con el único propósito de crecer y ser mejor cada día.»*

---

18. Ver página 165.

Capacidad de reprimir los impulsos al servicio de un objetivo

Pensamientos negativos: La preocupación es, en cierto modo, una especie de ensayo mental ante la previsión de una amenaza, pero este ensayo puede convertirse en un auténtico desastre cognitivo cuando nuestra mente queda atrapada por el pensamiento negativo e impide focalizar nuestra atención en cualquier otro lugar. Cuando las personas que tienden a preocuparse, antes de realizar una tarea, realizan una sesión de relajación, su rendimiento aumenta. Según Confucio,[19] «Si el problema tiene solución, ¿por qué preocuparte? Y si no la tiene… ¿por qué preocuparte?».

Las expectativas: Cuanto más alto es el nivel de expectativas, más se sabe qué es lo que se tiene que hacer para la consecución de los objetivos, especialmente en vendedores, ya que hay estudios que nos demuestran que dos de los indicadores de éxito más significativos son el grado de expectativas que uno se fija y el desarrollo y seguimiento de los planes de acción que nos fijamos para que éstas se cumplan. Por ora parte, las expectativas deberán ser realistas, pues así no caeremos en la frustración al no cumplirlas por ser demasiado ambiciosas.

La esperanza: No sólo ofrece consuelo, sino que se ha revelado como una parte importante del rendimiento comercial, pues realmente es la creencia de que uno tiene voluntad y dispone de la voluntad y de la forma de llevar a cabo sus objetivos, cualesquiera que éstos sean. Los vendedores que poseen este alto nivel de esperanza destacan por su gran capacidad para automotivarse, sentirse competentes y ser suficientemente flexibles para encontrar formas diferentes para alcanzar sus objetivos. Las personas esperanzadas se deprimen menos, se muestran menos ansiosas y experimentan menos tensiones emocionales.

---

19. Ver página 166.

El optimismo: Es el gran motivador, significa tener una fuerte expectativa de que, en general, las cosas saldrán bien a pesar de los comportamientos o situaciones negativas, inesperadas, etcétera. Impide caer en la apatía y la desesperación, evidentemente siempre y cuando se trate de un optimismo realista. Los vendedores optimistas[20] consideran que sus fracasos se deben a algo que se puede cambiar y así en la siguiente ocasión podrán triunfar, en cambio los vendedores pesimistas se echan las culpas de sus fracasos atribuyéndolos a alguna característica estable que se ven incapaces de modificar: la crisis, los clientes que tienen miedo, los competidores y sus agresivas políticas de precio, el gobierno, etcétera; todo son excusas, pero como es sabido: «cuando tú cambias lo que tú piensas, tú cambias lo que tú haces».

 RECURSO EN INTERNET

Mucho se ha escrito sobre el optimismo y su influencia en las ventas, entre todo ello hay que destacar «la ley de la atracción»; como muestra, visita el blog y podrás ver los diez primeros minutos de la película El secreto, que podrás seguir luego en YouTube.

Actividad

Siguiendo con la actividad anterior sobre asertividad y para conocer nuestro grado de autoestima, te proponemos la siguiente actividad: «Test de asertividad y autoestima».

---

20. Entre los vendedores de seguros, los optimistas venden un 37% más que los pesimistas (MetLife, estudio ventas 2006).

Actividad 6. Test de asertividad y autoestima[21]

Instrucciones:

Lee detenidamente este test autoaplicable, puntúate SÍ/NO, ve después a la tabla de resultados y mira qué cosas te gustaría cambiar.

TEST DE ASERTIVIDAD Y AUTOESTIMA	SÍ	NO
Defender tus propios derechos		
1. Si te tratan de forma injusta ¿te resulta difícil exponer tranquilamente tus derechos?		
2. ¿Sientes con frecuencia que no tienes los mismos derechos que los demás?		
3. ¿Crees haber aceptado, en varias ocasiones, situaciones inadmisibles?		
Rechazar peticiones, saber decir «no»		
4. Cuando te piden un favor que no deseas hacer ¿te cuesta decir «no» y quedarte tranquilo/a?		
5. ¿Sientes muchas veces que los demás se aprovechan de tu tendencia a complacerlos?		
6. ¿Has sufrido en varias ocasiones una reacción emocional desmesurada por la sensación de que los demás abusan de tu tendencia a aceptarlo todo?		
Pedir favores y hacer peticiones		
7. ¿Te resulta difícil tomar la iniciativa en expresar tus deseos?		
8. Si la conducta de otra persona te molesta, ¿te cuesta decírselo y pedirle que cambie su comportamiento contigo?		
9. ¿Te sientes incómodo/a cuando te hacen un favor y no sabes qué decir?		
10. Cuando pides un favor que tú estarías dispuesto/a a hacer sin demasiada dificultad, ¿te sientes algo violento?		

---

21. Fuente: Dra. Elisa Urbano. Psicóloga, sexóloga y terapeuta. ©Psicoarea.com 2006

TEST DE ASERTIVIDAD Y AUTOESTIMA	SÍ	NO
Pedir cambio de conducta en el otro		
11. ¿Te cuesta decir, por ejemplo: «mira, esto a mí no me lo hagas, cambia tu comportamiento conmigo»?		
12. ¿Acostumbran a tenerte por una persona agresiva o despiadada cuando decides decir lo que piensas?		
13. Cuando decides expresar tu desacuerdo u opiniones a los demás, ¿suelen sentirse agredidos, dolidos o reaccionar defendiéndose de lo que consideran un ataque personal?		
Expresar sentimientos positivos (amor, agrado, afecto) y negativos (desagrado, disgusto, expresión justificada de ira)		
14. ¿Te cuesta expresar tu amor, decir lo que te gusta?		
15. ¿Te cuesta expresar tu enfado y prefieres callar?		
16. Cuando no coincide tu opinión con la de los demás, ¿te cuesta expresar lo que realmente piensas?		
17. Cuando decides expresar a otros su postura o desacuerdo ante algún hecho, ¿te sueles sentir tenso/a o perder el control de tus emociones?		
18. ¿Es poco frecuente que expreses tus opiniones, aceptando y atendiendo a los diferentes puntos de vista de los demás?		
Miedo al rechazo		
19. ¿Ocultas tus sentimientos en muchas ocasiones por temor a ser rechazado/a?		
20. ¿Acostumbras a callar y no expresar tus ideas u opiniones por temor a perder la simpatía de los demás?		
21. ¿Temes una reacción de rechazo por parte de los demás ante la oportunidad de expresar tu punto de vista sobre alguna cuestión?		
Manejo de las críticas		
22. Cuando te critican alguna actuación, ¿sueles sentirte abatido/a?		
23. ¿Te sientes inseguro/a e incómodo/a al relacionarte con alguna autoridad?		
24. Ante una crítica, ¿te acostumbras a defender justificándote o negando la evidencia?		

TEST DE ASERTIVIDAD Y AUTOESTIMA	SÍ	NO
25. ¿Tienes un bajo concepto de ti mismo?		
26. ¿Te sientes incómodo al disculparte o admitir tu ignorancia en algún tema?		
Hacer y aceptar cumplidos		
27. Si te hacen un halago, ¿te sientes incómodo/a y tiendes a decir que será por el nuevo traje, peinado, etcétera?		
28. Cuando ves a una amiga guapa o que ha hecho algo bien, ¿te cuesta decírselo con facilidad?		
Expresar amor, agrado, afecto		
29. ¿Te cuesta expresar tu amor, decir lo que te gusta? La capacidad de iniciar, continuar y acabar conversaciones.		
30. ¿Tomas la iniciativa para iniciar, continuar y acabar una conversación? ¿O aunque te aburran o tengas prisa aguantas estoicamente el «rollo»?		

Resultado:

Si has contestado afirmativamente a varias de las preguntas es posible que te falten habilidades sociales suficientes para expresar tus deseos, formas de pensar, etcétera. De todas formas, considera que la asertividad no es un término dicotómico de todo o nada, sino que es una escala en la que se puede ser más o menos asertivo, y como es natural, mientras más asertivo seas más cómodamente te comunicarás con los demás.

Para orientarte sobre en qué habilidad social es en la que tienes más dificultad hemos reseñado un título a las preguntas para que puedas identificar en qué parcela te gustaría efectuar algún cambio. Como tú mismo podrás apreciar, hay personas que tienen más dificultad al relacionarse con el sexo contrario, otras con defender sus derechos, otras en expresar emociones negativas, etcétera. Como decimos más arriba, todas estas habilidades se pueden aprender con mayor o menor esfuerzo.

2.4. Competencias afectivas: Inteligencia emocional

«Cuanto más abiertos estemos hacia nuestros propios sentimientos, mejor podremos leer los de los demás.»

Daniel Goleman
Psicólogo experto en Inteligencia Emocional

Cada vez estoy más convencido de que a las personas se las
contrata por aquello que «saben hacer» y se las despide por
«cómo lo hacen», es decir, su comportamiento y relación con
sus compañeros, clientes y con el trabajo en sí. O lo que es lo
mismo y acudiendo a una frase cuyo autor no recuerdo: «El
carácter de una persona marca su destino». Mal carácter, mal
asunto.

La inteligencia emocional, como veremos en este capítulo, no sólo
es una competencia personal y profesional, es un camino hacia el
éxito. Si no lo crees así, repasa en tu entorno aquellas personas de

éxito (no sólo en el aspecto económico, también en el profesional y en sus relaciones). ¿Cuántas personas histéricas, malhumoradas y de mal genio conoces que admiras por sus logros?

Conversaciones con un vendedor

—Mira Alfonso —me decía un día un vendedor ya experimentado un día en un descanso de clase—, lo que pasa es que hoy se cree que ya no se necesita ser inteligente, ni mucho menos tener un coeficiente alto para desarrollar ningún oficio o profesión, basta con que seas un poco espabilado y a la vez tenaz. Te lo digo por tantos vendedores que conozco que les oyes hablar y parece que se van a comer el mundo… aunque luego los resultados no les acompañen y claro, se pasan el día enfadados con los clientes y con su empresa porque no les permiten ofrecer más descuentos o porque no sirven tan rápido los pedidos como ellos prometen que harán a sus clientes.

—Tal vez sea así —le contestaba yo—, pero no es esa clase de inteligencia, la de un coeficiente intelectual alto, a la que me refiero, hablo de una inteligencia más práctica para eso, para no enfadarse con uno mismo ni con los demás, lo que se llama Inteligencia emocional, ahora te lo explico…

Pero, ¿qué es la inteligencia? El doctor Howard Gardner[22] define la inteligencia como «la capacidad de resolver problemas o elaborar productos que sean valiosos en una o más culturas». Gardner añade que al igual que hay muchos tipos de problemas que resolver, también hay muchos tipos de inteligencia:

---

22. Ver página 169.

- **Inteligencia lógica – matemática**: es la que utilizamos para resolver problemas de lógica y matemáticos. Algunos vendedores son capaces de realizar rápidos cálculos de precios, descuentos, y a la vez solucionan dudas de sus clientes anticipándose a sus objeciones mediante la resolución de problemas que al cliente le pueden parecer insalvables pero que la propia lógica soluciona si se plantean simple y llanamente.

- **Inteligencia lingüística**: la que tienen los escritores, los poetas, los redactores, los oradores, etcétera. ¡Y los vendedores! Pero no hay que confundir esta habilidad verbal con la del charlatán que embauca a sus clientes. Se trata más bien de poder crear imágenes visuales al cliente para que se vea gozando de los beneficios del producto o servicio antes de comprarlo, lo que le ayudará a tomar su decisión favorablemente.

- **Inteligencia espacial**: consiste en formar un modelo mental del mundo en tres dimensiones. En algunos casos el vendedor se anticipa al cliente analizando situaciones de instalación de algún producto o resolviendo objeciones de espacio que el cliente pueda sopesar antes de decidir su compra.

- **Inteligencia musical**: es la habilidad para interpretar y componer música. No será imprescindible ni necesaria para un vendedor, pero hay que admitir que tocar bien un instrumento musical o tan siquiera entender de música y que ésta sea uno de nuestros *hobbies*, seguro que nos ayudará a relajarnos tras una dura jornada de ventas.

- **Inteligencia corporal – kinestésica**: es la capacidad para utilizar el propio cuerpo para realizar actividades o resolver problemas. La kinestesia o cinestesia[23] es funda-

---

23. Ver página 165.

mental en nuestro lenguaje corporal con el cliente (lo estamos viendo en diversos apartados de este libro).

- **Inteligencia intrapersonal**: es la que nos permite entendernos a nosotros mismos. El vendedor «emocional» deberá entender qué fue bien o qué falló en aquella entrevista, saber qué emociones y sentimientos –positivos y negativos– tiene ante una venta o ante un «no» del cliente.

- **Inteligencia interpersonal**: es la que nos permite entender a los demás. Imprescindible en nuestra relación diaria con los clientes. Es una competencia social (la comunicación interpersonal) fundamental, como hemos visto en capítulos anteriores y veremos en el dedicado a la Programación Neurolingüística.

En 1994 el psicólogo norteamericano, periodista, editor y profesor de psicología en la Universidad de Harvard Daniel Goleman,[24] haciéndose eco de diversas teorías desarrolladas en las décadas de los 80 y 90, publicó el libro que posteriormente convertiría en un *bestseller* mundial, denominado *La inteligencia emocional*.

---

24. Ver página 167.

Inteligencia Intrapersonal

«El hombre inteligente habla con autoridad
cuando dirige su vida.»

PLATÓN

Filósofo ateniense, s. IV-V a.C.

Daniel Goleman escribió su libro *Inteligencia Emocional* basándose en este tipo de capacidad. Es la parte interna de nosotros, la que normalmente termina traicionándonos mostrando emociones que no podemos controlar. Desarrollar una alta inteligencia emocional nos lleva a dominar los sentimientos hacia fuera, permitiéndonos actuar más con lo racional. Para muchos esta es la inteligencia más importante, es cuando uno habla con uno mismo. Una vez dominada esta habilidad, las demás se desarrollan con más facilidad.

Inteligencia Interpersonal

«No basta tener buen ingenio, lo principal es aplicarlo bien.»

Descartes
Filósofo francés, s. XVI-XVII

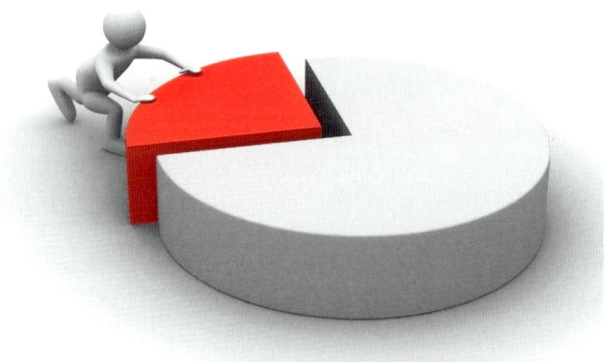

Los comunicadores carismáticos –muchos vendedores entre ellos– cuentan con esta habilidad. Es la que nos permite comunicarnos con los demás, el formar equipos, y hasta cierto punto persuadir a los demás y ser la persona que lidera al grupo. En esta inteligencia se pueden descomponer la capacidad de escuchar, entender y emitir comunicación no verbal coherente con los otros tipos de comunicación, etcétera.

En la combinación de estas dos inteligencias, la *intrapersonal* y la *interpersonal*, tendríamos la Inteligencia Emocional.

Según el doctor Goleman, la Inteligencia Emocional «Se puede definir como la necesidad de ser consciente, ser capaz de controlar y administrar las propias emociones y las de otras personas con las que interactuamos». Por lo tanto, aparecen dos aspectos fundamentales como son:

- Comprenderse a sí mismo (objetivos, intenciones, respuestas y comportamientos).

- Ser capaz de entender a los demás y a sus sentimientos.

Siguiendo con las aportaciones del doctor Goleman, éste ha escrito: «La inteligencia emocional es dos veces más importante que las destrezas técnicas o el coeficiente intelectual para determinar el desempeño de la alta gerencia». No digamos, pues, para el desempeño de la venta, donde el vendedor está constantemente ante «el momento de la verdad» en sus relaciones interpersonales con sus clientes, ya que al conjunto de habilidades compuesto por el autocontrol, entusiasmo, perseverancia, auto-motivación, etcétera, lo denominaremos Inteligencia Emocional.

Ventajas que conlleva el desarrollo de la Inteligencia Emocional, tanto a nivel personal como profesional y en especial para un «vendedor desde el corazón»:

- La comunicación mejora: entendemos mejor a clientes y compañeros.

- El vendedor se siente más persona, más feliz, más pleno y con mayor calidad de vida.

- Aumenta la motivación: nos enfrentamos a la venta «de igual a igual» sin la opresión de que «el cliente siempre tiene la razón».

- Las relaciones personales mejoran: al empatizar con el cliente y compañeros, conectamos emocionalmente con ellos, «caemos bien».

- Las personas se implican más en su trabajo y son más responsables y autónomas: no dependemos tanto de decisiones externas, pues sabemos lo que está bien y lo que no lo está.

- Se mejora el clima laboral: el vendedor ya no es percibido como «el que mejor vive» de la empresa, pues se conoce mejor su esfuerzo al comunicarse mejor.

- Nuestro poder (especialmente el carismático) y nuestro liderazgo se ven reforzados: no olvidemos que el vendedor es el que aporta «activo» a la empresa.

- Aumenta la eficacia y eficiencia de las personas y de los equipos: todos nos orientamos a la venta, en la empresa somos todos vendedores.

- Los procesos de cambio y de mejora continua se agilizan: el vendedor no está «quieto» esperando que pasen cosas, pues acepta mejor las nuevas situaciones.

- Mejoran las relaciones con los clientes y con todos los públicos de la empresa.

- Y también mejoran un sinfín de pequeñas y sutiles cosas además de la rentabilidad de la empresa.

Y siguiendo con mi conversación anterior con un vendedor, donde éste cuestionaba el tipo de inteligencia y la importancia de poseer o no otras cualidades para la venta, ¿qué factores entran en juego cuando personas con un elevado C.I. en muchas situaciones no saben qué hacer, mientras que otras con un C.I. modesto o incluso bajo, ante la mismas situaciones o similares lo hacen sorprendentemente bien? Mientras que el C.I. parece ser que está formado por un componente genético, la inteligencia emocional puede ser aprendida. Controlar sus impulsos es lo que debe hacer un profesional que vende desde el corazón, y no con la urgencia de unos objetivos a corto plazo ni con el «todo vale» que luego trae tantos problemas a la organización que ha de ir curando las heridas que ha abierto en la relación con los clientes un vendedor que no analiza las consecuencias de aquello que dice o hace.

Control frente a Impulso

- El impulso es el vehículo de las emociones, y la semilla de todo impulso es un sentimiento expansivo que busca expresarse en la acción. Se ha de controlar y dosificar en nuestra relación con los clientes.

- Quienes se encuentran a merced de sus impulsos poseen cierto déficit moral, pues la capacidad de controlarlos constituye el fundamento básico de la voluntad y el carácter.

- Por este motivo se puede considerar que la raíz del altruismo radica en la empatía o habilidad de comprender las emociones de los demás (clientes y compañeros), y por ello la falta de sensibilidad hacia las necesidades de los demás es una muestra de falta de consideración.

 RECURSO EN INTERNET

Para comprender mejor esto (la empatía y el altruismo) te remito al blog de este libro, donde podrás acceder a un documental de Eduard Punset en TVE, de su programa *Redes*, titulado «Nuestro cerebro altruista».

Las emociones

Casi ningún sociólogo duda de la preponderancia del corazón sobre la cabeza. Ni de que son las emociones las que nos permiten afrontar las situaciones más difíciles, por encima del intelecto (pérdidas irreparables, persistencia en la consecución de los objetivos a pesar de las frustraciones).

Cada emoción nos predispone a una determinada acción, que en el pasado nos permitió resolver adecuadamente un determinado desafío en que se vio sometida la existencia humana. De tal forma que las emociones se han ido integrando en nuestro sistema nervioso en forma de tendencias innatas y automáticas.

Cualquier concepción de la venta y la negociación que soslaye el poder de las emociones entrará en una auténtica miopía. Se han valorado excesivamente los aspectos puramente racionales en el éxito del cierre de la venta (el precio, los descuentos, las condiciones de pago, otros regalos…) y no se ha enfocado suficientemente a una buena gestión de las emociones (el miedo a perder, el deseo de ganar) para lograr la satisfacción y lealtad del cliente.

Un vendedor «desde el corazón» debe ser el gestor de las emociones de su entorno (clientes, proveedores, compañeros…) y reconocer las emociones básicas en ellos, que se corresponden en gran medida con la clasificación de Daniel Goleman:

- **Ira**: Enfado, enojo, resentimiento, furia, indignación, acritud, irritabilidad, hostilidad, etcétera, y en casos extremos odio y violencia.

- **Tristeza**: Pena, desconsuelo, pesimismo, melancolía, autocompasión, soledad, desaliento, desesperación, y en casos extremos depresión.

- **Miedo**: Ansiedad, aprensión, temor, preocupación, inquietud, incertidumbre, nerviosismo, angustia, terror, y en casos extremos fobia y pánico.

- **Alegría**: Felicidad, gozo, contento, diversión, placer, dignidad, tranquilidad, gratificación, euforia, satisfacción, éxtasis y en casos extremos manía.

- **Amor**: Aceptación, cordialidad, confianza, amabilidad, afinidad, devoción, enamoramiento, etcétera.

- **Sorpresa**: Sobresalto, asombro, desconocimiento.

- **Aversión**: Desprecio, desdén, displicencia, asco, antipatía, disgusto, repugnancia.

- **Vergüenza**: Culpa, perplejidad, remordimiento, humillación, pesar y aflicción.

Esta lista no es exhaustiva, por ejemplo, faltan los *celos*, que sería una combinación de: *ira + tristeza + miedo*. Por lo tanto existen mil emociones más en las que aún no existe un acuerdo científico general. De hecho, las emociones y sentimientos básicos de los clientes ante la visita de un vendedor (o ante la visita del cliente a un punto de venta) son dos: el *miedo* a perder y el *deseo* de ganar; de la seguridad y profesionalidad que transmita un vendedor, así se gestionarán estas emociones del cliente y así podremos concretar la venta con plena satisfacción para el cliente.

Conversaciones con un vendedor

Todos conocemos más o menos de cerca alguna anécdota como la siguiente:

En un taller de técnicas de venta en el que participé recientemente, un vendedor ya veterano me comentaba que en una empresa anterior a la actual, le habían puesto un vendedor júnior para que aprendiese de su experiencia acompañándolo en la realización de visitas a sus principales clientes. Cuando este vendedor júnior ya parecía haber aprendido lo fundamental de su mentor, éste le permitió que visitase a solas a alguno de sus clientes que ya le había presentado.

Al saber que no había conseguido ningún pedido en varias visitas que realizó, este vendedor «senior» invitó a un café a su «pupilo» y le preguntó: «¿Qué tal con los clientes que has visitado estas últimas semanas? He visto que no te han hecho aún ningún pedido». A lo que el joven vendedor contestó: «La verdad es que no importa, son clientes pequeños y si prefieren trabajar con la competencia porque tiene mejores condiciones, pues me alegro. Yo debo ir a buscar clientes más grandes».

Evidentemente, el mensaje era uno, pero el tono era de tristeza y enfado, indudablemente una mente piensa y racionaliza y la otra mente siente (razón – emoción o cabeza – corazón).

Existen claras evidencias de que los vendedores emocionalmente desarrollados, es decir, las personas que gobiernan adecuadamente sus sentimientos y saben interpretar y relacionarse efectivamente con los sentimientos de los demás, poseen una situación ventajosa en la mayoría de los conflictos de su trabajo, desde la venta y las relaciones con sus clientes, hasta la comprensión de las reglas tácitas que gobiernan los criterios de éxito en el seno de una empresa.

Las personas que han desarrollado adecuadamente las habilidades emocionales suelen sentirse más satisfechas, son más eficaces y más capaces de dominar los hábitos mentales que predominan en la productividad. Quienes al contrario, no pueden controlar su vida emocional, afecta a su capacidad de trabajo y les impide pensar con suficiente claridad. ¡Existen miles de formas de alcanzar el éxito y multitud de habilidades diferentes que pueden ayudarnos a conseguirlo!

Gardner es completamente consciente de que el número siete es un número totalmente arbitrario y de que no existe un número concreto que pueda dar cuenta de la diversidad de inteligencias.

En la inteligencia interpersonal, por ejemplo, fue subdividida en cuatro habilidades diferentes:

- Liderazgo.

- Aptitud para establecer y mantener relaciones.

- Capacidad para resolver conflictos.

- Habilidad para el análisis social.

Evidentemente, no todas las personas manifiestan el mismo grado de pericia en cada uno de los cuatro dominios anteriores. Hay vendedores que son sumamente hábiles en un campo y simultáneamente son ineptos en otro. Pero lo importante es que nuestro cerebro es sumamente plástico y se encuentra sometido a un continuo proceso de aprendizaje, y por lo tanto los *déficit*, con el esfuerzo adecuado, pueden minimizarse.

El Coeficiente de Inteligencia (C.I.) y la Inteligencia Emocional

En el supuesto de un vendedor que posee un alto C.I. pero que no tiene ningún tipo de inteligencia emocional, sería una caricatura del intelectual entregado al dominio de la mente pero completamente inepto en su mundo personal.

Pero es cierto que muchos de los vendedores con un alto C.I. se caracterizan por poseer una amplia gama de intereses y habilidades intelectuales y suelen ser ambiciosos, productivos, predecibles, tenaces y poco dados a reparar en sus propias necesidades. Tienden a ser críticos, condescendientes, aprensivos, inhibidos, se sienten inseguros ante la manifestación de las emociones de los clientes y en experiencias sensoriales en general y son poco expresivos, distantes y emocionalmente fríos, y a veces tranquilos en exceso.

Por el contrario, los vendedores que poseen una elevada inteligencia emocional son socialmente equilibrados, extravertidos, alegres, poco predispuestos a la timidez y a reflexionar continuamente sus preocupaciones y suelen sentirse a gusto consigo mismos, con los demás y con su entorno social, incluidos los clientes, por supuesto.

Un «vendedor desde el corazón» podrá tener ambas cualidades: tener un alto coeficiente intelectual y poseer una adecuada inteligencia emocional, pero en el supuesto de tener que elegir una de ambas, yo apostaría por esta última. Ser «emocionalmente inteligente» en estos tiempos de crisis e incertidumbre, le ayudará a mantener un buen estado de ánimo ante la adversidad y los clientes «difíciles».

El estado de ánimo de vendedor y cliente

En muchas ocasiones los vendedores con quienes he tratado me han confiado que su éxito dependía a menudo tanto de su estado de ánimo como del de sus clientes. Veamos qué incidencia podría tener un diferente tipo de estado de ánimo en la venta según el doctor John Mayer, de la Universidad New Hampshire:

- **La persona consciente de sí misma:** Goza de una vida emocional más desarrollada. Su claridad emocional impregna todas las facetas de su personalidad, es una persona autónoma y segura. Conoce sus propias limitaciones, es psicológicamente sana y tiende a tener una visión positiva de la vida. Cuando cae en un estado de ánimo negativo, no se obsesiona y en consecuencia no tarda en salir del mismo. Su atención le ayuda a controlar sus emociones. Un vendedor con estas características ve siempre el lado positivo de sus relaciones con los clientes y no se rinde ante una negativa, es más, la acepta a veces como una oportunidad para futuros negocios, entendiendo las circunstancias actuales del cliente y sabiendo cómo ayudarle a superarlas juntos.

- **La persona atrapada en sus emociones:** Suele sentir-se desbordada por sus propias emociones y es incapaz de escapar de las mismas, es esclava de su estado de ánimo. Es voluble y poco consciente de sus sentimientos. Se siente incapaz de controlar su vida emocional y por lo tanto no trata de escapar de su estado de ánimo negativo. Es aquel tipo de vendedor que sale por la mañana pensando en la crisis, en que los clientes no tienen dinero, que solo compran por precio y… consecuentemente la vida le da la razón, pues ante esta postura que transmite inconscientemente a sus clientes, no vende.

- **La persona que acepta resignadamente su estado de ánimo:** Aunque suele percibir claramente lo que está sintiendo, tiende a aceptar pasivamente estos estados de ánimo y no suele tratar de cambiarlos. Parece que existen dos tipos de tipologías: el optimista, persona con buen humor y que se encuentra poco motivada en cambiar el estado de ánimo, y el *laissez faire*, que a pesar de la claridad en que los percibe, los acepta con una actitud muy pasiva (como si no fuera con él) y no hace nada por cambiarlos a pesar de las molestias que suponen. Suelen ser vendedores que están a merced de los estados de ánimo de los demás, cuando el cliente está positivo ante lo que ellos proponen, la venta sale bien, cuando no es así, se dejan llevar por el estado de ánimo del otro y lo aceptan sin más.

¿Y si mi estado de ánimo o el de mi cliente nos lleva al enfado?

Uno de los remedios más eficaces contra el enfado consiste en volver a encuadrar la situación en un marco más positivo (lo veremos después, en la fase del «reencuadre», cuando hablemos de la PNL). La idea de la catarsis del enfado se está mostrando como equivocada, la cadena de pensamientos hostiles no mitiga, sino que alimenta el propio enfado.

Si tenemos en cuenta que la raíz de la cólera se encuentra en el reflejo «ataque-huída» de nuestro cerebro «reptiliano», es lógico que el detonante del enfado sea el sentirse amenazado. Muchos clientes se enfadan cuando se sienten entre la espada y la pared, por ejemplo, cuando necesitan un producto o servicio de ciertas garantías y no tienen el capital suficiente para adquirirlo, luego se enfadan con el vendedor o la empresa que no les hace suficiente rebaja en el precio o no dilata hasta sus exigencias los plazos o garantías de pago.

La amenaza no tiene por qué ser física, simplemente que sea simbólica para nuestra autoestima, amor propio, etcétera, hace de detonante en nuestro sistema límbico y nos predispone, durante horas, a cierta excitación (por haberse descargado toda una serie de neurotransmisores con un efecto latente durante un período dilatado de tiempo). Esta es la razón del concepto «la gota que rebosa el vaso» o «el día terrible».

El enfado se construye sobre el enfado

El enfado puede verse totalmente desarmado si somos capaces, antes de darle expresión, de dar con alguna información que pueda mitigarlo. Y casi siempre esta información existe.

Conforme pasa el tiempo y no se ha encuadrado bajo otra perspectiva la situación, la misma información ya no ejerce tanta influencia ante el enfado, y hay más probabilidad que aparezcan frases como: ¡Esto es intolerable! Y evidentemente otras de mayor calado.

El enfriamiento: Se trata de aplacar la excitación fisiológica ligada a la descarga de adrenalina en un entorno en el que no haya peligro de que se produzcan nuevas situaciones irritantes, alejándose de la causa del enfado e intentando distraerse. La distracción es el recurso más eficaz, pues es difícil seguir enfadado y tener pensamientos hostiles cuando uno se lo está pasando bien. Conozco vendedores en quienes es frecuente que el enfriamiento pase por un paseo en automóvil. Tras el fracaso de una operación en la que tenían muchas esperanzas, la vuelta a la carretera les relaja, aunque si mantienen los pensamientos hostiles derivados del enfado, corren cierto peligro de distraerse con consecuencias fatales, como el tener un accidente de automóvil. Posiblemente una alternativa más saludable es dar una larga caminata. Pero, insisto, el período de enfriamiento no será de ninguna utilidad si lo empleamos en seguir alimentando la cadena de pensamientos irritantes.

 RECURSO EN INTERNET

Puedes bajarte del blog un PowerPoint con los diferentes tipos de clientes: «enfadados», «estrellas», «mudos», «desconfiados», «parlanchines», etcétera, y con consejos de cómo tratarles para una comunicación interpersonal eficaz y que ayudar a concretar vuestra relación comercial.

La ansiedad: Cuando el miedo activa nuestro cerebro emocional, aparece la ansiedad, y nos centra en la posible amenaza, obligando a la mente a buscar obsesivamente una salida y a ignorar todo lo demás. La preocupación es una especie de ensayo en que consideramos posibles alternativas (anticiparse a los peligros). El problema surge cuando la preocupación se hace crónica y reiterativa. Insisto, la presión de cumplir los objetivos del mes es como la espada de Damocles que pende sobre el cuello del vendedor, y éste se encuentra en un estado permanente de preocupación. Y *pre-ocuparse*, como decía un amigo mío, es como «empezar a pagar intereses por un crédito que no sabes si te van a conceder». La ansiedad nos puede llevar rápidamente al estrés, y ¿qué cliente quiere tener relaciones con un vendedor estresado?

El hábito de la preocupación tiene una función similar a la de la superstición, en que se intenta conjurar algo que, según la ley de Pearls,[25] tiene poca probabilidad de suceder, y mientras la persona se encuentra inmersa en su pensamiento obsesivo no repara en las otras sensaciones subjetivas de la propia ansiedad. Las únicas acciones posibles son aprender a reconocer lo antes posible los disparadores de la ansiedad (suelen ser imágenes, más que palabras), aplicarse técnicas de relajación y finalmente adoptar una postura crítica ante las creencias que sustentan la preocupación.

 RECURSO EN INTERNET

Para saber más sobre aspectos como el estrés y la ansiedad, te remito al blog, donde podrás acceder a dos interesantes documentales al respecto.

---

25. Ver página 170.

3

Los 7 pasos de la venta, un repaso «desde el corazón»

«Creo que si tienes talento y técnica deberías seguir adelante por tu cuenta y pasar a ser el dueño de tu propio destino.»

GEORGE LUCAS
Cineasta estadounidense

Los siete pasos de la venta

Seguramente todos aquellos vendedores que están leyendo estas páginas habrán hecho uno o varios cursos de ventas y tal vez hayan pasado por estos «7 pasos» de una forma u otra. Pero «vender desde el corazón» no es tan solo incrementar nuestras competencias y actitud, como hemos visto en los capítulos anteriores; también pasa por consolidar lo aprendido en técnicas de venta y llevarlo al lado más emocional en nuestra relación con los clientes. En este capítulo repasaremos estos pasos haciendo especial hincapié en los correspondientes a la argumentación, el tratamiento de objeciones y el cierre de ventas, pasos en los que hay que «poner todo el corazón en el asador».

Conversaciones con un vendedor

Recuerdo una vez, hace un par de años, en que estuve visitando una empresa de maquinaria que me había solicitado diseñar e impartir un curso de ventas para su equipo comercial. Estuvimos en la sala de formación hasta última hora de la tarde repasando requerimientos y necesidades del cliente. Al acabar fui al lavabo y volví a recoger la sala y borrar lo escrito en la pizarra. Al acercarme a la sala oí unas voces de dos vendedores que habían entrado en ella y estaban leyendo en voz alta lo que yo había dejado escrito momentos antes:

Arte de vender, el precio se olvida pronto, la calidad es lo que se recuerda más. Las emociones del cliente... Rapport de ventas, el trabajo termina cuando se cumplimenta el rapport, ¡Papeleo...! Técnicas del cierre de ventas, técnicas para la demostración, tratamiento de objeciones... ¿Cuándo empezarán por la base?, ¡eso de vender algo, ¡hay tantos detalles que no se acaba nunca!

—¡Qué carácter! —dije de forma simpática al entrar en la sala.

—¿Quién es usted? —me preguntaron al unísono algo sorprendidos.

—Me llamo Alfonso Viñuela y estoy preparando el curso con el departamento de RRHH. -Les dije, a lo que uno de ellos me contestó mientras alargaba su mano para estrechar la mía.

¡Hola! Yo soy Luis Martín. Es que aspiro a ser el mejor vendedor que mi empresa jamás haya tenido.

—Entiendo… y tiene usted algún problema —dije estrechando su mano y seguidamente la de su compañero, que se presentó como Alberto.

—Son todos estos detalles… ¿por qué no podemos salir a la calle y vender? —preguntó este último vendedor.

—¿Así de fácil?

—¿Por qué no?, teniendo confianza en uno mismo y siendo buen comunicador, ¿qué más necesito? —contestaba el señor Martín.

¡Es usted modesto! No importa, más bien me parece que está usted hecho para mi cursillo de venta de ataque.

—¿Un cursillo de ataque? —Preguntó Alberto.

—Sí, un cursillo que contemple la venta paso a paso hasta llegar al final.

—Acción, ¡por fin! —señalaba Luis— Esto es lo que necesitábamos.

—Pues empecemos por los siete pasos —les contesté yo.

—¿Los siete pasos? ¿Qué es eso?

—Son los siete pasos que se han de dar para vender, lo importante, naturalmente, es que se llegue hasta el último, al número siete.

—¿Al número siete? ¿Y cuál es el número siete? ¿Cerrar la venta? ¿Tiene usted alguna receta mágica para hacerlo? —Preguntaban ambos vendedores solapándose.

—Bueno, veo que quieren ustedes empezar por el camino difícil.

—¿Hay otro mas fácil? —dijo en esta ocasión Alberto.

—El camino lógico, paso a paso —contesté.

—¡Uff! No tenemos tiempo para eso, no podremos dedicar tato tiempo.

—Ya podrán, el secreto consiste en dominar los secretos básicos para cada paso, hay que usarlos para alcanzar los siguientes, no antes.

Y quedé con ellos que hablaríamos de todo en los próximos días, cuando asistieran al curso que había programado su jefe.

La conversación anterior se ha repetido de una forma u otra, con estas u otras palabras, en muchas ocasiones que he iniciado cursos y compartido experiencias con numerosos vendedores. No hay tiempo, hay que «ir al grano», no se dispone de muchas oportunidades para concretar las ventas con los clientes y se hace todo de forma precipitada. Los vendedores tienen muchas referencias y muchos beneficios que comunicar a sus clientes. Y claro, esta precipitación «mata» la venta. Estoy convencido de que la entrevista de ventas necesita de tiempo, así como también de «tempo»: ritmo, ni lento, ni rápido, adecuándose al cliente y al tipo de producto/servicio que estemos presentando, hablando el lenguaje del cliente y llevando la entrevista hacia el momento oportuno del cierre. Pero antes de todo ello, sería conveniente que el vendedor supiera en todo momento dónde está, para no tener que volver atrás en su entrevista de ventas. Repasemos, pues, los siete pasos de la venta:

3.1. Paso uno: Conocimiento del beneficio del producto/servicio

«La llave del éxito es el conocimiento del valor de las cosas.»

John Boyle O'Reilly
Poeta irlandés, s. XIX

Y no se trata sólo de conocer sus características, sino también los beneficios para el cliente, el «valor» para él de estas características, teniendo en cuenta que no todos los clientes responden a las mismas necesidades y deseos cuando adquieren el mismo producto (lo veremos en el paso referido a la «argumentación»). Para ello el vendedor deberá conocer tanto los aspectos positivos como negativos de su oferta y saber con qué productos/servicios está compitiendo (sean los mismos productos o sustitutos de éstos).

Este conocimiento será necesario porque:

- Conocer el producto da confianza, y será necesaria para romper la barrera psicológica del miedo del cliente, pues necesita estar seguro de que lo que va a comprar es lo que necesita.

- Es uno de los aspectos fundamentales para generar el entusiasmo necesario y, por tanto, cerrar el trato con el cliente.

- Proporciona valor y seguridad: «el único vendedor que evita las preguntas, es el que ignora las respuestas».

- Además de proporcionar satisfacción y seguridad, ayuda a rebatir las objeciones del cliente.

Hay que dedicar mucho tiempo a la preparación de la venta, y es necesaria una preparación técnica, tener un dominio sobre los productos/servicios que ofrecemos y no limitarse a los básicos, hay otros que pueden ser también estratégicos para según qué cliente.

En algunos casos y en productos técnicos o de innovación, el vendedor puede acudir a las entrevistas de venta con alguien del departamento técnico y entre los dos hacer la presentación en sus diferentes aspectos, tanto comerciales como técnicos. De hecho, cada vez más en mis cursos veo personal técnico «reciclado» a comercial; insisto en que hay productos que lo requieren más que otros.

3.2. Paso dos: *Prospeccionar** desde el convencimiento de nuestra utilidad

«Cuando veo que no comprándome el cliente seguirá teniendo un problema, es cuando más me esfuerzo en demostrarle que mi oferta le será de utilidad.»

Gonzalo. Un vendedor con corazón

Supongamos que ya sabemos perfectamente en qué consiste nuestra oferta, tanto por sus características y beneficios, como

---

* *Prospeccionar:* es un verbo no aceptado por nuestro diccionario (sí prospección y prospecto) pero muy usado en ventas. Me permito utilizarlo también en este libro para definir al proceso de captación de nuestro cliente potencial o «prospecto».

por las ventajas de éstos con respecto a la oferta de la competencia. ¿Ya podemos salir a vender? Sí, pero antes deberemos tener una idea clara del tipo de cliente objetivo al que nos dirigiremos. Saber quiénes son y dónde están, saber algo de su psicología como compradores y de su comportamiento tanto en la compra, como en su uso y posterior relación con nosotros. Para ello deberemos *prospeccionar* el mercado. Más allá de la «puerta fría» —que es un método a veces necesario en tiempos «turbulentos»— hay otras maneras más sofisticadas de prospección. Hemos de identificar y contactar a los clientes cuyas necesidades podremos satisfacer y mejor que la competencia.

Tenemos que «investigar» el mercado, y para ello disponemos de internet, con las páginas web de clientes potenciales; anuarios, listados de cámaras de comercio, gremios y asociaciones; portales «verticales» sectoriales; revistas técnicas y/o sectoriales; nuestras fichas de clientes y una lectura periódica y constante de diarios y revistas de negocios, entre otras fuentes de investigación y consulta (recomiendo como mínimo leer el diario *Expansión* de los sábados, o al menos repasar las páginas *sepia* de los suplementos de negocios de los principales diarios del país, éste es un hábito, a la vez que útil, también ameno).

Sí, es una buena idea e igualmente útil, guiarse por los colegas, amigos, los clientes ya hechos... Son como sabuesos que pueden olfatear perspectivas para nosotros. ¿Hay vendedor mejor que un cliente satisfecho? No dejes piedra sin mover, la prospección nunca debe acabar, porque nunca se puede saber si encontrarás a alguien que te conducirá a un nuevo cliente, y esto se aplica a todos los productos y servicios (si tienes un amigo o familiar trabajando en una compañía de seguros, entenderás de qué te estoy hablando).

Nos aconseja Cosimo Quiessa en su libro ya citado:

❝ Mantén la mochila de contactos a tope.

Busca tu porcentaje de efectividad:

- X llamadas = X% concertación de visitas = X% pedidos.

- Obsesiónate por la búsqueda de nuevos contactos.

- Gestiona los contactos (listas, ordenación por potencial, información sobre el contacto…).

- Gestiona los medios (teléfono, correo, mail…).

- Gestiona las referencias internas (contactos de otros departamentos de la empresa).

- Crea tu propio sistema de mantener la «mochila siempre llena».❞

Por mi parte y con mi experiencia de vendedor –contrastada luego con otros muchos vendedores–, creo que es necesario dedicar entre un quince y un veinte por ciento de nuestro tiempo a la prospección, a la búsqueda y selección de clientes potenciales, ya que los clientes «se pierden» (traslados, cambios de actividad, mejores ofertas, un mal servicio, falta de trato…) y hemos de tener una demanda potencial suficiente para cumplir con nuestros objetivos de venta. Existe también la posibilidad de desarrollar un *plan estratégico de ventas,* esto es: poner tus objetivos anuales en una cuenta de resultados tipo hoja Excel mes a mes y cliente por cliente, introducir también indicadores de número de visitas y líneas de productos por clientes e ir observando semana a semana los resultados de esta prospección y eficacia comercial (si no la usas y te interesa conocer esta herramienta, hay numerosos ejemplos de ello en internet). Aunque las empresas más dinámicas comercialmente hablando ya utilizan diversas aplicaciones CRM («*customer relationship management*» o «gestión de la relación con los clientes») que son de gran ayuda para un vendedor metódico y ordenado. Pero claro, para llevar estos programas al día, hay que romper la vieja creencia de que «el vendedor es un profesional poco disciplinado y poco amigo de informes, rapports de venta y demás papeleo burocrático».

Muy bien, supongamos que nos hemos preparado en el despacho o en casa, lo sabemos todo acerca de la empresa y conocemos a la persona con la que hemos de tratar, podemos lanzarnos, estamos iniciando el paso número tres: la aproximación.

3.3. Paso tres: La aproximación o el «contacto emocional»

> «Nunca tendrás una segunda oportunidad
> para dar una primera impresión.»
>
> Anónimo

La aproximación o establecer un primer contacto puede parecer fácil, y sí, si lo hacemos bien es muy sencillo, teniendo en cuenta que en un contacto, **el objetivo es conseguir una entrevista de ventas**, y para conseguir esto hay dos principios básicos. El primero es vender la idea de la entrevista, no el producto o servicio, sólo la entrevista. ¿Y el segundo? Venderse a sí mismo como un profesional experto y eficiente.

Los clientes no son siempre fáciles de tratar, tienen un carácter duro a veces, pero con todos se pueden hacer tratos, pues a todos les podemos ser útiles, todos podrían ser buenos clientes. A menudo un vendedor tiene un producto o servicio que encajaría con estos clientes, pero a pesar de ello algunos vendedores no tienen éxito en sus tomas de contacto (la aproximación con ellos). No es que sean malos vendedores, conocen sus productos, saben vencer dificultades y cuando llega el momento de cerrar un trato lo hacen bien, sin embargo… en sus contactos con sus posibles clientes ni siquiera pueden empezar, y no pasan más de treinta segundos antes de que sus posibles clientes les indiquen la puerta o cuelguen el teléfono. No les dejan ni empezar siquiera. ¿Por qué son tan importantes esos primeros treinta segundos? Porque es el tiempo que decide un cliente si vale la pena o no escuchar al vendedor. El vendedor que no sabe arrancar no vende, y a muchos vendedores les pasa eso, no saben arrancar. Hubiese sido mucho mejor para ellos haberse ido a pescar.

Conversaciones con un vendedor

Un director de ventas del sector de la alimentación de una empresa muy desarrollada comercialmente en sus técnicas de venta me decía un día:

El arte de vender tiene mucho que ver con el arte de pescar: para que el pez pique hay que procurar interesarle, persuadirle de que tome parte en el juego. ¿Cómo se consigue eso? No es fácil. ¿Cómo se consigue atraer la atención desde el fondo del río a una astuta trucha escondida en el fondo del lago –no olvidemos que los clientes son astutos compradores–, preocupada por sus problemas? Un pescador lo resuelve ofreciendo algo atractivo al pez, por ejemplo, un anzuelo, un cebo vivo, algo llamativo y vistoso. Un vendedor ha de hacer lo mismo: ofrecer algo atractivo al cliente desde el principio. Pero no el producto, no hay que precipitarse, pues en lugar de un anzuelo algunos vendedores utilizan «el sartenazo» sin pensar que antes de cocinar la trucha han de pescarla. Y si se usa la sartén en un momento precipitado la trucha –el cliente– se asusta y vuelve al fondo del lago, perdiéndose en este caso la venta.

Entrar en un despacho y empezar alabando los productos no es vender; para hacer el trabajo bien se necesita una entrevista completa: en esos treinta segundos vendamos la entrevista, no el producto. ¿Cómo se vende la entrevista? Un cliente sostendrá una conversación con nosotros si le ofrecemos la posibilidad de resolver algún problema o satisfacer alguna necesidad. El demostrarles que existe una posibilidad es lo que tenemos que hacer en esos treinta segundos, pero sólo podremos hacerlo si sabemos cuáles son esos problemas. Existen tres maneras de averiguarlo:

- **Investigación**. Conocer los problemas del cliente por haber investigado sobre la empresa prospecto, habiendo leído en la prensa, visitando su página web, conociendo la competencia… y al contactar con el cliente, conocer sus problemas y saber qué ofrecerle para solucionarlos.

- **Experiencia**. Basada en el conocimiento del cliente por entrevistas anteriores. Tener conocimiento también de clientes similares a quienes servimos o lo hicimos en el pasado. Sabiendo cuáles son los puntos débiles y fortalezas de unos y otros en el mercado, etcétera. Hablando de este conocimiento podremos vender la entrevista.

- **Deducción**. Observando a nuestro alrededor. Si estamos en sus instalaciones, aprovechar para observar el entorno de la empresa, productos que utiliza de nuestra competencia, reconocer a su personal, el ritmo y nivel de ocupación de los empleados, etcétera. En definitiva, reconocer las pistas que podemos deducir de la empresa.

Sea cual sea el método que usemos, recuerda que lo importante será vender la entrevista y no el producto. Pero aunque determinemos cuál es el problema del cliente, quizá es más complicado hacerle entender que nosotros, y sólo nosotros, podemos darle la mejor solución. Por tanto, lo segundo que haremos en este paso 3 de «aproximación» será vendernos a nosotros mismos. ¿Cómo? No tratando de ser simpáticos o graciosos, no hablando de cosas triviales que no interesan al cliente, sino introduciéndonos con amabilidad, dando muestras de interés por el cliente, pero como profesionales. ¿Cómo consigue un vendedor demostrar que es un buen profesional?

- **Inspirando confianza**. Un vendedor «desde el corazón» demuestra profesionalidad, y al hacerlo inspira la confianza necesaria para crear un entorno de seguridad ante sus clientes. No dándole falsas promesas al cliente ni magnificando sus productos y servicios. En los primeros treinta segundos lo máximo que se puede ofrecer es la posibilidad de prestar ayuda al cliente.

- **Siendo competente**, una persona que cumpla con sus promesas y que lo haga lo antes posible. Una persona organizada, que lleve la documentación necesaria, que cumpla con las horas acordadas…

- **Interesándose por el cliente**. A los clientes no les molesta hablar con un vendedor siempre que éste demuestre más interés por los asuntos del cliente que por su comisión. Que no sean las propias necesidades las que motiven al vendedor, conseguir un pedido, formalizar una venta… ¡y al diablo con el cliente!

- **Respetando el tiempo del cliente**. Éste siempre creerá que merece la pena hablar con un vendedor que entienda que el cliente es un hombre ocupado. Un buen vendedor profesional sabe respetar el tiempo del cliente y el suyo propio.

Estas cualidades son las que la mayoría de los clientes desean encontrar en «un vendedor desde el corazón». Hay que tomar buena nota. Hay que comunicar estas cualidades lo antes posible, cuidando la manera de hablar, la manera de comportarse y el aspecto que uno ofrece. Si vendemos la entrevista y no el producto y nos vendemos a nosotros mismos como profesionales, tendremos más posibilidades de convertir nuestras entrevistas en ventas. Y recuerda: no hagas el primer contacto con un cliente si no dispones de: a) **Información** precisa sobre a quién voy a llamar; b) **Tiempo**, ahora dedico una hora o dos sólo a llamadas y nuevos contactos, no hago llamadas al tuntún entre una actividad y otra, y por último, lo más importante, c) **Actitud**: ahora me voy a dedicar a llamar y contactar a clientes, tengo la actitud de «interesarme por los clientes y venderles una entrevista».

 RECURSO EN INTERNET

Puedes ver una película en el blog respecto a estos primeros contactos que marcarán nuestras posibilidades con el cliente: *El Cliente y usted. Cómo iniciar la entrevista* (es una película algo antigua pero aún muy vigente).

3.4. Paso cuatro: Identificación y establecimiento de las necesidades y deseos del cliente

> «El vendedor de éxito se preocupa primero
> por el cliente, y luego por los productos.»
>
> Philip Kotler
> *«Padre» del marketing moderno*

¿Quién compra nuestros productos? Evidentemente alguien que los necesita. A veces nosotros creemos que nuestro cliente o potencial cliente necesita lo que le ofrecemos, pero si el cliente no lo cree así, no podremos venderle hasta que no lo crea tan firmemente como nosotros, por eso hemos de establecer las necesidades. Para hacerlo, recuerda: no le digas al cliente cuáles son sus necesidades, haz que las diga él mismo. ¿Cómo? Recurriendo a la técnica de las preguntas, que ya hemos tratado en el apartado de la comunicación interpersonal, pero sobre todo interesándonos más en sus problemas que en venderle nuestro producto.

A este respecto, el profesor de IESE José Luis Nueno[26] escribía en un artículo de *La Vanguardia* (que podrás encontrar completo también en el blog de este libro) lo siguiente:

> **"**Más importante que buscar soluciones a los problemas, es encontrar problemas a las soluciones que se dispone. No es encontrar soluciones a la recesión o (cualquier situación del cliente), sino problemas rentables para enfrentarles a esas soluciones que se pudren mal –resolviendo el problema equivocado o irrelevante.**"**

De lo que interpreto que un paso más allá para un «vendedor desde el corazón» será no preguntar ni averiguar ante el cliente «qué necesita» y ajustar su oferta a estas necesidades, sino entender cuáles son los problemas que resuelven los productos y servicios de este vendedor y, conociendo el funcionamiento y unas mínimas estrategias del cliente, reconocer sus problemas –algunos de los cuales no habrá contemplado ni el mismo cliente– y hacer el viaje a la inversa: «reparar» los problemas del cliente en base a las soluciones del vendedor.

---

26. Ver página 170.

3.5. Paso cinco: La presentación de «persona a persona»

> «La persona que no se interesa por sus semejantes
> es la que tiene mayores dificultades en la vida
> y causa las mayores heridas en los demás.
> De esos individuos surgen todos los fracasos humanos.»
>
> Dale Carnegie
> *(Véase nota final)*

No es descabellado pensar que en la presentación estamos ante «el momento de la verdad» de la venta, pero es tan solo otro momento de verdad, pues en cada paso nos encontraremos jugándonos el ser o no ser de la venta. Recuerdo que hace más de veinte años, en una etapa en que como responsable de marketing y de nuevo negocio en una agencia de publicidad, vendía sus servicios a empresas, tras conseguir una entrevista de presentación (y posible venta de estos servicios) y acudir a las instalaciones del posible cliente, me presentaba y presentaba la agencia y sus trabajo en un gran *book* —luego en ordenador portátil— y, a medida que iba pasando las grandes páginas repletas de maravillosos anuncios y *packagings*, relataba la estrategia que nos había llevado a la creación de aquellas piezas, algunas de notorio éxito, que casi todos los directivos de aquellas empresas reconocían inmediatamente. Al final, tras media hora de presentación (y eso cuando no llevaba conmigo algún creativo, quien entonces explicaba el origen y el porqué de la última línea de todos los originales que presentábamos, y nos tirábamos una hora de presentación…), el cliente, visiblemente «conmocionado» por el alud de imágenes, justificaciones y estrategias que le había enseñado, me decía: «Un trabajo fantástico, gracias, pero no es lo que necesito, si acaso ya le llamaré cuando así sea». ¡Ya le llamaré! Una de las frases más crueles que recibe un vendedor ¿verdad?

¿Qué hacía mal en mis presentaciones? Pues que no había cumplido los pasos anteriores para llegar aquí. ¿No lo hacía «desde el corazón»? Sí, claro, pero sin tener en cuenta el corazón del otro. No presentaba «soluciones» en relación a problemas previamente identificados (ajustar la oferta, no magnificarla, como hacía yo) y por tanto era una presentación orgullosa de nuestro trabajo pero a veces sin relación con el cliente a quien visitaba.

Conversaciones con un vendedor

—Vamos avanzando en los pasos de la venta. Hemos visto que hay unos cuantos principios básicos... —les comentaba a un grupo de vendedores de maquinaria en un curso, cuando uno de ellos soltó:

—Vamos a ver, conozco mi producto, he investigado el mercado, he conseguido la visita y en ella he establecido las necesidades del cliente, he seguido estas reglas y el asunto no puede ir mejor, ¿por qué no ofrecerle ya las soluciones que tenemos para los problemas del cliente?

—¿Así, sin más? —contesté—, así es como algunos vendedores «atacan» a sus clientes, y así no hacen más que destruir los principios básicos.

—¿Es que aún hay más principios de los que conocemos? —preguntó otro vendedor.

—Naturalmente, ya dije que había varios, como hablar en el lenguaje del cliente, no hay que «espetarle» la jerga de la empresa, observe sus reacciones, guíese por ellas y sobre todo atráigale hasta que esté de acuerdo con usted punto por punto.

—Comprendo, no hay que proceder a ciegas... ¿algún principio más?

—Haga que la presentación sea una cosa lógica, guiando al cliente paso a paso, hasta que logre entender lo que su producto puede ofrecerle a él, qué beneficios son clave para su decisión de compra, recurra a cuanto pueda serle útil, catálogos, ayudas visuales, demostración...

—¿Pero qué ocurre si no puedo demostrar el producto? Difícilmente podría desarrollar la máquina para una simple demostración.

—Puede usted presentar otras evidencias, información y planos de instalaciones en otras partes del mundo, referencias de clientes satisfechos... ¿entiende?

—Hablar su idioma, observar sus reacciones, ponerse de acuerdo, hacer una presentación lógica y convincente... ¡es tan difícil como acertar a la lotería!

—No, esto no es azar, es planificación, preparación y un ritmo adecuado, no dejar de hacer nada que sea necesario para darle seguridad y confianza al cliente y que cada paso nos lleve al siguiente, sin tener que volver atrás, lo que nos lleva al siguiente principio: haga que ellos lo quieran, todo lo que tiene que hacer al fin y al cabo... es despertar su deseo.

Una buena presentación ha de contemplar todo lo anterior y ha de tener en cuenta aspectos tales como la *argumentación* y el correspondiente *tratamiento de objeciones*.

La argumentación de venta

En la presentación, la argumentación será indispensable dentro del proceso de la venta. En síntesis, el trabajo del vendedor consiste en hacer que el cliente reconozca las diferencias que tienen sus productos/servicios frente a los de su competencia. Esto se consigue en la presentación, enumerando los argumentos adecuados y adecuando los beneficios de su producto o servicio a las necesidades y deseos del cliente. Ahora bien, siguiendo las fases de la venta, debe presentarlos en el momento adecuado, es decir, no antes de conocer las necesidades y móviles de compra del cliente. Hay vendedores que consumen el tiempo que el cliente les concede para una entrevista detallando las características del producto o servicio, y así son percibidos como auténticos «charlatanes», confundiendo al cliente con una serie de lo que ellos creen «argumentos», antes de conocer las necesidades y motivaciones reales de éste. Entonces... ¿qué es argumentar?

Argumentar es exponer de forma clara y precisa al cliente las ventajas que presenta nuestro producto o servicio, de acuerdo con las motivaciones expresadas por este cliente. Así pues, un argumento es un razonamiento destinado a probar o refutar una propuesta. Un buen argumento debe poseer dos cualidades principales:

- Debe ser claro, con un lenguaje comprensible para la otra persona, evitando los términos técnicos, la jerga del profesional o la del iniciado (técnico con el técnico, llano con el neófito, no olvidemos que muchos compradores no han de conocer a fondo el producto/servicio que compran, sino el beneficio que éste les dará con su adquisición, por tanto, no tienen que ser técnicos).

- Debe ser preciso, es decir, debe adecuarse a la motivación principal del interlocutor.

Tratamiento de objeciones

En la presentación se producirán objeciones por parte del cliente. Si el vendedor está «conectado» con éste y si sus corazones están en sintonía, no ha de temer este momento, pues la objeción es tan solo una oposición momentánea a la argumentación de venta. Y siempre es mejor que haya objeciones a que nos escuchen con parsimonia y luego se limiten a decirnos «muy bien, gracias, ya le llamaré más adelante». Debemos tener en cuenta que las objeciones, en la mayoría de las ocasiones, ayudan a decidirse al cliente, pues casi siempre están generadas por dudas o por una información incompleta. Pero… ¿por qué se producen las objeciones?

Las objeciones las utilizan los clientes por diferentes razones, a veces es por imponerse al vendedor y darse importancia, o por oponerse al cambio (existe un coste psicológico del cambio de proveedor, de producto, de servicio, es un argumento que pesa en el valor neto percibido del cliente, es algo negativo en la ecuación de «qué me dan / qué me cuesta». Tal vez por indiferencia o por ampliar información y hacerse tranquilizar. La mayoría de las razones para formular objeciones son de origen emotivo, hay que tener en cuenta que, generalmente, las personas muestran una vacilación natural a tomar una decisión, casi siempre por miedo a comprometerse o equivocarse fatalmente —es dinero—. Tratan de hallar el modo de justificar la compra o las razones para negarse a comprar («miedo a perder y deseo de ganar», que decíamos antes). De una u otra manera, quieren más información y esperan que el vendedor pueda proporcionársela (es una expectativa lícita, ¿no?).

Teniendo en cuenta que tener objeciones es un comportamiento reflejo en muchos clientes, el vendedor debe permanecer atento y escuchar hasta el final la argumentación del cliente, comprendiendo qué es en realidad lo que éste quiere decir. No debe temer las objeciones ni reaccionará contraatacando, evitando discutir con el cliente. Hay que tener en cuenta que:

❝¡Nadie gana nunca una discusión con un cliente!❞

La objeción del precio

Ante la objeción del cliente de: «es muy caro», es muy importante no inventarse respuestas que no sean reales; un vendedor con corazón no hace esto, ni tampoco se rinde aceptando las objeciones, como hacen algunos vendedores que a las primeras de cambio dicen: «de acuerdo, nuestro producto es caro, pero...», cuando deberían haber dicho: «le puede parecer que nuestro producto tiene un precio alto, pero si me permite cinco minutos para explicarle por qué tiene este precio…», y esto le ayudará a incrementar el nivel de seguridad y profesionalidad de su presentación ante el cliente. A este respecto se deben tener las siguientes consideraciones:

- El vendedor es el único que sabe qué factores están reflejados en el precio.

- Por consiguiente, si el cliente no sabe qué contiene el precio, cualquier precio es «demasiado dinero» si no se sabe lo que incluye.

- Un precio no tiene significado por sí mismo, sólo adquiere significado cuando los clientes saben qué van a comprar y entonces deciden si el precio es alto o bajo (nótese que no digo «caro o barato»), correcto o equivocado.

Y si esto nos parece muy infantil, preguntemos: «¿por qué se rinden tantos vendedores cuando el cliente les da esta objeción?».

La objeción al precio es la más común en las ventas, es la objeción que detiene a más vendedores y es la razón que impide más ventas que ninguna otra. La razón por la que un vendedor ya no sabe qué contestar es porque a medida que la oyen más, más la aceptan como válida, y así cuando un cliente dice: «Su precio es muy alto», «Cuesta demasiado», «Lo puedo comprar por menos dinero», «Es más de lo que pensábamos gastar», etcétera, un vendedor no puede contestar cosas como: «sí, es caro, pero…» (y aquí da una retahíla de excusas para justificar un precio que él mismo considera caro).

Conversaciones con un vendedor

Recuerdo un día en que ante un grupo de vendedores de alto rendimiento en conocimiento de producto y técnicas de atención al cliente, estábamos puliendo la etapa del cierre, y cuando les pregunté por qué tenían ciertas dificultades en ese momento si habían hecho bien los pasos anteriores, me contestaron:

Es que somos caros, vendemos el mismo producto que en otras tiendas pero con un 10 o un 15% más de precio.

—¿El mismo producto? —pregunté yo— No es el mismo, en absoluto.

—Sí, es el mismo, mira, es un televisor de 32" (y aquí el número de modelo, etcétera), que en esta otra tienda —y me enseñaban un folleto de una macro-tienda de electrodomésticos-, ¡y el nuestro es casi 100 euros más caro!

—Pues no, no es el mismo, porque aunque sea el mismo modelo no tiene el servicio de transporte e instalación, la garantía de vuestra marca, de vuestra tienda, la atención que le dais al cliente, ni lo más importante…

—Lo más importante… ¿el qué? —me preguntó un vendedor del grupo.

—¡Tú! No se lo vendes tú. Y más allá de la marca y del modelo, debes diferenciar el televisor y justificar su precio por tu atención, por tu escucha, por haber sabido recomendarle el modelo que se ajustaba a sus necesidades, por darle la confianza de tu tienda y tu garantía personal. A ti te encontrará de nuevo si tiene algún problema, lo que tal vez no ocurra en la gran superficie donde ofertan a menor precio.

En el momento en que un vendedor acepta las objeciones de precio empieza a creer en ellas y a comunicarlas a otros vendedores, y de aquí hasta la dirección, solicitando nuevos precios, más descuentos, etcétera, creyendo que la gente compra únicamente precio y que es lo único que importa.

Un momento: detengamos las objeciones por el precio, la verdad es que nadie compra sólo por precio. Nadie es capaz de saber si un precio es alto o bajo hasta que sabe lo que el precio representa y todos los factores que intervienen en él. Así que cualquier vendedor que acepte que su cliente le diga que su producto o servicio es caro, está aceptando que su cliente sabe más que él de su producto o servicio. Y esto es absurdo; ningún vendedor con éxito podría aceptar esto; lo que un vendedor «desde el corazón» debe tener siempre presente es que el vendedor es el único que conoce los hechos, el cómo se fija el precio y qué factores intervienen en él, y esto no lo sabe el cliente, sin importar lo que éste diga. No tiene pruebas, nosotros se las daremos.

Obviamente, hemos de creer que el precio es justo antes de hacérselo entender al cliente, y si somos lo suficientemente tenaces para hacer esto, podremos ver las objeciones al precio como lo que realmente son: no son obstáculos, son una oportunidad para presentar los beneficios del producto. Por eso la estrategia del vendedor para poder dar respuesta a las objeciones de precio debe pasar invariablemente por conocerlas y saber distinguir las verdaderas de las falsas. Entender lo que hay detrás de: «Su precio es muy alto»; tal vez esté diciendo: «No entiendo por qué su precio es tan alto, debe de haber algo que desconozco». En otras palabras, este cliente no puede estar juzgando el precio todavía, sólo está pidiendo más información. O en este otro caso en que un prospecto dice: «Yo no quisiera gastar tanto», lo que posiblemente esté diciendo es: «lo quiero, lo compraré, si sólo me dan otro motivo para gastar un poco más»; si eso es lo que él piensa, ya estamos más cerca de cerrar la venta. Veamos esta otra objeción: «Es más de lo que pensábamos gastar», lo que podríamos traducir por «es mejor de lo que pensábamos comprar». Si podemos entender más allá de las palabras lo que un cliente o prospecto nos está diciendo, estaremos más cerca de su corazón y de formalizar la venta. Un vendedor ha de buscar el significado de las llamadas «objeciones al precio» como ésta, por ejemplo: «Cuesta demasiado»; mientras que lo que puede estar pensando es «creo que el precio es muy alto». Hay una diferencia entre lo que dijo y lo que pensó.

Pero pensemos también nosotros: en ninguna ocasión de los ejemplos anteriores ha habido un rechazo de pleno, sino una invitación a obtener más información, seguridad en el producto o servicio y confianza en el vendedor y la empresa. Contestando a la objeción podremos probar que el precio es el correcto. Y para cerrar una venta hay que probar dos cosas:

> **"Que el producto es bueno y que el precio es justo."**

Un vendedor que habla con el corazón con sus clientes, no tiene miedo a las objeciones de precio, sino que les dará la bienvenida y las aprovechará para cerrar más ventas. Y no pretenderá bajar la calidad ni pedir consultas a sus mandos comerciales, etcétera. Un vendedor «desde el corazón» no temerá a las objeciones de precio, hablará con calma y confianza, sin disculparse por su precio y utilizando las objeciones para cerrar el precio con frases del tipo: «si yo le puedo demostrar lo que usted obtiene en valor real entre esto y lo que usted obtiene por un precio más barato, ¿me hará usted su pedido?».

Entonces, y para ser efectivos, ¿cómo se utilizan las objeciones al precio para conseguir convencer al cliente de que el producto y su precio son adecuados para él?

Un vendedor me enseñó hace muchos años qué se hace con las reglas básicas de las matemáticas: sumar, restar, multiplicar y dividir:

- **Sumar**. Sumar los beneficios de lo que el cliente obtiene por el precio que está pagando. Los valores reales, tangibles.

- **Restar**. Restar todos aquellos beneficios que no obtiene por un precio inferior de un producto de la competencia (para esto hay que conocer mucho a la competencia; recuerda el ejercicio «El terceto mágico»).

- **Multiplicar**. Multiplica por todos los intangibles que se obtienen con nuestro producto tales como la marca, nuestra posición en el mercado, la experiencia, clientes satisfechos…

- **Dividir**. Divide en unidades pequeñas de coste a largo plazo.

Un vendedor puede usar cualquiera de estos procedimientos para demostrar que su precio es correcto. Practica una de estas fórmulas durante un par de semanas, luego otra y así sucesivamente, al final dominarás las objeciones de precio (y oras muchas) y conseguirás cerrar la venta.

3.6. Paso seis: Cerrar una venta (sólo si ganamos todos)

«Acércate a cada cliente con la idea de ayudarlo, resolverle su problema o lograr su meta, y no para venderle un producto o servicio.»

Brian Tracy
Escritor canadiense de libros de autoayuda

Hemos hablado mucho sobre la dificultad de cerrar una venta y cómo llegar a los pasos consecutivos para tener la mejor opción de cierre. Un cierre que permita que tanto tú como el cliente ganéis, un cierre *win-win* (ganar-ganar). Pero veamos qué necesitas para «cerrar una venta»:

- Que el cliente necesite tu producto.

- Que el cliente pueda pagar.

- Que tú no tengas temor para solicitar la compra del cliente.

- Tener un plan «estratégico», que es sencillamente haber llegado hasta aquí habiendo hecho todo lo anterior paso a paso y profesionalmente.

Tu estrategia de ventas (repasemos):

- Debes **conocer bien tu producto**.

- Debes hacer una **presentación entusiasta** al extremo que tu cliente se ilusione y quiera obtener ya tu producto por los beneficios que le brindará.

- Debes **hablar menos y escuchar más** para detectar la necesidad y motivos de compra de tu cliente.

- Utiliza **términos que tu cliente entienda**, evita tecnicismos, adécuate al nivel de tu cliente, interactúa con el, apela a sus cinco sentidos (tacto, olfato, vista, oído, gusto).

- Es necesario estar **atentos y siempre en busca de ciertas señales** de compra que provoquen el comienzo del cierre.

Las señales de compra pueden ser:

- Frases determinantes tales como: «cuando lo tenga instalado seguro que quedará bien», «creo que me ahorrará mucho trabajo», «imagino lo que dirán los niños cuando lo tengamos en casa», «es el viaje que siempre he soñado hacer», etcétera. Generalmente son frases que anticipan la posesión del producto o servicio.

- Lenguaje corporal. Ya hemos visto anteriormente algunas señales positivas, pero generalmente se trata más bien de sonrisas, ensoñación, ojos brillantes, impaciencia…

- Preguntas tipo: «¿si lo compramos hoy lo podemos tener en casa mañana?», «¿lo podría pagar financiado?», «¿hay algún descuento si lo pagamos en efectivo?», etcétera, suelen ser generalmente preguntas sobre aspectos relacionados con la compra.

Cualquiera de estas señales indica el momento en que los clientes pueden estar listos para comprar. Identifícalas durante tus entrevistas de venta en tienda y anótalas para reconocerlas después. Y… ¿cuándo intentarlo? Tan pronto sea posible, a veces cuando ya has pasado los pasos anteriores, a veces el cliente ya está convencido antes y entonces no haría falta completar el proceso (eso sí, asegúrate de que no ha quedado nada mal entendido o confuso para evitar problemas posteriores a la venta).

El cierre final

En tres minutos haz un repaso de todos los puntos positivos de tu producto (no te confíes de tu presentación anterior). Inmediatamente aplica el ¿Cuándo? y el ¿Cómo?:

- ¿Cuándo?: ¡Entra en acción! Cuando notes que el cliente y tú estáis en perfecta sincronía (cuando ambos estéis de acuerdo en que las características, beneficios, precio, forma de pago y tiempo de entrega convienen mutuamente).

- Y… ¿Cómo?: ¡Actúa! ¡Pero se necesita estar despierto y atento! Ten en cuenta que difícilmente tendrás una segunda oportunidad, las oportunidades pasan y el cliente a veces se «escapa» con ellas (recuerda su «miedo a perder»). Es lo que se llama «el momento oportuno».

El momento oportuno

Antes puede ser muy prematuro, después puede ser muy tarde: es cuando la línea de la emoción llega a la cima, ya que luego empieza a declinar y por ende a enfriarse la emoción, por eso hay que detectar la ilusión del cliente (su máxima emoción).

Callar y vender

Actúa sutilmente, es el momento de hilar fino. Haz las preguntas adecuadas, precisas y concisas (conductivas al SÍ, y no hagas preguntas tontas, que no tengan que ver con el cierre). Maneja tus emociones profesionalmente.

Métodos de cierre

A tus clientes nunca les deberás hacer preguntas que puedan dar una respuesta negativa con facilidad. Cada pregunta debes hacerla de tal forma que responda favorablemente o de un modo afirmativo, pero sin forzarlo.

- **Solicitar el pedido**. Compradores profesionales me han comentado que es sorprendente cómo algunos vendedores temen solicitar el pedido. Atrévete y eliminaras el temor: «¿Estamos de acuerdo en que este es el que se ajusta a sus deseos? ¿Pasamos entonces a la caja? ¿Pagará con tarjeta o en efectivo?».

- **Cierre por suposición**. Es el pensamiento profundo de suponer que el cliente sí va comprar. Es una actitud ganadora del vendedor, consecuencia de una fuerte autosugestión (es visualizar anticipadamente que el prospecto esta comprando, ya lo hemos comentado antes, un vendedor positivo influye en la decisión de compra de su cliente, un vendedor negativo ¡también!).

- **Cierre por «punto menor»**. Al cliente le es mas fácil tomar una pequeña decisión que una más importante (el color, el modelo, el tamaño, etcétera). Generalmente el cliente decide sobre muchos detalles durante una compra. Durante la presentación, hazle preguntas para que vaya decidiendo estos detalles. Por ejemplo: Tengo un amigo que fabrica y vende tapicería y cuando un cliente, generalmente una pareja, no se deciden por la compra de un sofá, les lleva a la sección de telas para tapizarlo; allí, decidiendo qué tela quedaría mejor, cierra la venta.

- **Cierre por consejo**. Al cliente le es difícil tomar una decisión cuando tiene a la vista muchos productos o modelos para elegir. Ayúdale a reducir opciones, utilizando los precios o prestaciones (beneficios) adecuados a sus necesidades. No le aconsejes la opción de mayor precio si con otra de menor precio también satisface sus necesidades. Te sorprenderás muchas veces de cómo el cliente, por la honestidad que demuestras, elige la otra de un precio más alto.

- **Cierre «por lo que pueda pasar»**. Puedes «forzar» al cliente mediante esta técnica: «no quedan más unidades de este modelo», «no le puedo garantizar que no lo venda hoy»...

- **Cierre condicionado.** «Es una oferta especial durante el día de hoy», «si lo compra hoy, de regalo obtendrá…». No debemos repetirlo a menudo, que no parezca que lo hacemos siempre.

- **Cierra con base a una objeción**. Se utiliza cuando el cliente hace una objeción significativa y el vendedor sabe responderla enlazando inmediatamente un cierre. Por ejemplo: «Sí, me gusta y es el que necesito, pero no puedo esperar hasta la semana que viene para que me lo instalen» (cliente). «Entonces, si le garantizo que lo puede tener mañana instalado, cerramos la operación?» (vendedor).

- **Elección forzosa**. Haz siempre una pregunta que plantee dos elecciones, no una solamente: «¿Cuál prefiere llevarse, el de tales prestaciones o el de tales otras?», «¿La entrega se la haremos mañana o prefiere que se lo instalemos cualquier otro día de la semana?».

- **La «T» de Benjamín Franklin**. Cuando el inventor del pararrayos tenia que tomar una decisión, tomaba una hoja de papel, dibujaba una T y hacía el balance de razones a favor frente a las razones en contra. Procura anotar más razones a favor por las que el cliente debe comprar (destaca los beneficios que le brindará el producto que le ofrecemos, acuérdate de las cuatro reglas básicas de las matemáticas).

Actividad

Para ejercitar algunas de éstas y otras técnicas de cierre te propongo que realices —mejor en compañía de algún colega o amigo que se preste a darte «réplica»— la siguiente actividad: «Técnicas de cierre».

Actividad 7: Técnicas de cierre

Instrucciones:

Reflexiona, mejor en pareja con otro u otra vendedor/a o en grupo y rellena la siguiente tabla con uno o dos ejemplos de cada técnica de cierre. Primero describid el tipo de producto o servicio y el tipo de cliente o prospecto con el que os estáis entrevistando.

TÉCNICA DE CIERRE	ACTIVIDAD	EJEMPLOS
CIERRE POR SUPOSICIÓN	Considera que la venta es una cosa segura, pídele firmar el pedido.	
ELECCIÓN FORZOSA	Propón la elección entre dos cosas positivas, o dos productos similares.	
CIERRE EN BASE A UNA OBJECIÓN	Retoma una objeción del cliente y úsala para cerrar eliminándola.	
CIERRE POR ACEPTACIÓN MÚLTIPLE	Consigue acuerdos parciales sobre aspectos de la venta con el fin de llegar finalmente al cierre del acuerdo.	
CIERRE POR «PUNTO MENOR»	Consigue un acuerdo en un punto menor para probar al cliente, un detalle que le ayude a decir «sí».	
CIERRE CONDICIONADO	Dale al cliente promesa por promesa, utiliza el «si usted… nosotros…».	
CIERRE «POR LO QUE PUEDA PASAR»	Sugiere comprar en este momento antes de que pase alguna cosa desfavorable.	
CIERRE POR CONSEJO	Aconseja al cliente qué comprar, procura no aconsejarle la opción más cara, ya la pedirá él.	

Y recuerda que para cerrar una venta requieres:

• Un deseo (servir al cliente).

• Una actitud (voluntad de ganar ambos, *win-win*).

• Una cualidad (perseverancia, no te des por vencido).

- Dos habilidades:

  - Destreza para visualizar con anticipación (señales de compra).

  - Detectar los momentos oportunos (para cerrar).

- Autocontrol en los sentimientos y emociones (¡escuchar, escuchar!).

- Desarrollar la sensibilidad (que proviene de la practica, la experiencia y la capacitación). Recuerda: *Un vendedor que «usa» su corazón, lo hace para ser grande, todo depende de él.*

Conversaciones con un vendedor

—Tengo un grato recuerdo de casi todos los participantes en mis cursos, pero siempre recuerdas a algunos especialmente por su simpatía o su interés en aprender. Éstos suelen ayudar en el desarrollo de una sesión, facilitándola y distendiendo los momentos de mayor «presión». Recuerdo a un sevillano, Javi, de una empresa de carretillas elevadoras, que me decía:

—Y cuando el cliente pasa de ti, no te está escuchando y sabes que necesita el producto, pero ni se da cuenta cuando le dices que «firme sobre la línea de puntitos» y sigue a su «bola», ¿qué hacemos?

—Intenta cerrar la venta como si le hicieses una invitación a comprar —le dije yo.

—¿Una invitación?

—Sí, atiende: Esta es una técnica de cierre simple, sencilla y poderosa. Úsala al final de la entrevista para cerrar la compra. Va precedida de un «cierre de prueba» como éste: «¿Hasta aquí vamos bien?», o «¿Hay algún punto que hace falta aclarar?». Así le centras en el tema.

—¿Más preguntas? Se va a «jartar» de tantas preguntas —me decía simpáticamente.

—Sí, pero haz estas preguntas para estar bien seguro de que el cliente no tiene ninguna objeción final en su mente, lo que estaría bloqueando el cierre del proceso.

—O sea, que si todo está en orden, invito al comprador a tomar una decisión de compra diciendo: «Si le parece bien lo que le he explicado, ¿pasamos a la compra?». ¿Así de directo?

—Así de directo, sí señor. Él espera que lo hagas, estás ahí para eso, y piensa que invitar al cliente a comprar es una idea muy poderosa. Es una manera amable de inducir al comprador a actuar. Si quieres ser más concreto y directo, puedes preguntar sencillamente: «¿Por qué no compra?».

«Porque no me da la gana», puede contestarme.

—Sí, puede hacerlo. Pero ten en cuenta que si después de tu presentación le preguntas al cliente si hay preguntas o asuntos adicionales y el cliente responde «no», pregúntale: «Bueno, si le gusta, ¿por qué no se lo queda?». Descubrirás que muchos compradores potenciales no pueden pensar una buena razón para no seguir adelante con tu oferta de inmediato.

 Recurso en internet

Puedes ver otra película –también años ochenta pero no superada en su tema– al respecto en el blog: *Solicite el pedido y ¡obténgalo!*

Paso 7: Seguimiento posventa: el cliente no se queda solo

«Lo que hagas, hazlo tan bien que ellos quieran verlo otra vez y traer a sus amigos.»

Walt Disney

Un vendedor que ha llegado hasta aquí «de corazón» sabe que ha hecho bien su trabajo, pero que éste no ha finalizado. Antes de dar por cerrada una venta, deberá medir la satisfacción del cliente haciéndole preguntas específicas; planificar el seguimiento de clientes y prospectos y, por último, saber tratar las quejas y reclamaciones, obviamente poniendo todo el «corazón» en ello.

Medir la satisfacción del cliente

Desde mi posición de responsable de los servicios de marketing de dos empresas y de asumir la dirección de marketing y comercial de otras tantas, siempre me ha preocupado poder medir el nivel de satisfacción de los clientes. No cabe duda de que la relación de los clientes con los equipos de ventas y personal del SAC (servicio de atención al cliente) tienen mucho peso en esta satisfacción.

Para medir la satisfacción del cliente debemos, primero, entender que el cliente evalúa varios aspectos –por ejemplo, respecto del servicio que recibe de un vendedor–, por lo que entonces, al medir su satisfacción, no lo podemos llevar a cabo sólo con preguntas tales como: *El servicio que recibió fue: ¿pésimo?, ¿malo?, ¿regular?, ¿bueno?, ¿excelente? Después de comprar en nuestra empresa usted se encuentra: muy insatisfecho, insatisfecho, satisfecho, muy satisfecho.*

Si el cliente considera varios indicadores (toma en cuenta cinco distintos: producto o solución recibida, cumplimiento de expectativas del mismo, actitud del vendedor, habilidades del personal con quien ha tenido relación –personal de administración, almacén, instalación– y empatía del vendedor con sus problemas y necesidades) para evaluar la calidad en el servicio que recibe, entonces debemos buscar medir varios (o todos, si así se decide) aspectos, de no ser así, la medición no será muy útil para tomar acciones de mejora, porque no representará la realidad de la opinión del cliente en cuestión.

 RECURSO EN INTERNET

Puedes descargarte del blog el resumen del libro *La satisfacción del Cliente* (Satisfaction, Chris Denove y James D. Power) donde se explica –entre otras cosas– el vínculo existente entre la satisfacción del cliente y el éxito en ventas.

Escala de medición

Algunos expertos en investigación sugieren evaluaciones con escalas de medición impares, es decir, del 1 al 5, del 1 al 7.[27] Desde esta perspectiva, serán útiles si a cada valor le asignamos una escala específica.

Por ejemplo, podríamos utilizar la siguiente: 1. Pésimo 2. Muy mal 3. Mal 4. Regular 5. Bien 6. Muy Bien 7. Excelente. Al definir más ampliamente la escala podríamos matizar más la opinión de nuestro cliente.

Hagamos preguntas específicas

Un error común que notamos cuando se mide con mayor profundidad la opinión del cliente, es realizar preguntas que buscan su opinión respecto de un indicador, pero que al responder el cliente puede referirse a muchos diferentes problemas. Por ejemplo: si un indicador que mide el cliente es la actitud del vendedor, es frecuente que se haga la siguiente pregunta: *La actitud de la persona que lo atendió fue: Pésima. Mala. Regular. Buena. Excelente.*

Sin embargo, el hecho de que el cliente nos diga también que la actitud fue buena o mala, seguimos sin saber a ciencia cierta a lo que se refiere. Puede referirse a que no lo atendió con rapidez, que no le interesaba su problema, que le contestó mal, que le dio indicaciones equivocadas, etcétera. Una pregunta con un aspecto tan amplio no ayuda a resolver nada.

Debemos hacer preguntas más específicas sobre algún aspecto o actividad que incluye la opinión del cliente respecto de la actitud del vendedor o cualquier otro empleado, tal como podría ser:

27. Ver página 168.

- El vendedor se interesó por mi problema.

- El vendedor me atendió con agilidad.

Las preguntas específicas ahorran tiempo.Veamos algunos ejemplos de aspectos a evaluar:

- El vendedor sondeó correctamente mis necesidades.

- Me escuchó atentamente interesándose en lo que le decía.

- Me ofreció diferentes alternativas o soluciones a mis necesidades.

- Resolvió con eficacia mis dudas.

- Me explicó detalladamente las características del producto/servicio.

- Me ofreció productos complementarios para mejorar mi experiencia de compra.

- Me ofreció servicios tales como transporte, instalación, etc.

- Realizó posteriormente un seguimiento de mi satisfacción una vez tuve instalado el producto en mi domicilio/empresa.

- ...

Este pequeño «test» anterior se lo propongo a vendedores de tienda a quienes hago visitar otros establecimientos (de su zona o no, de su producto u otro, tradicionales o de marca…) y les pido que se pongan en el lado del comprador y experimenten en su visita estas situaciones. El resultado es muy útil para estos vendedores con quienes colaboro, pues a partir de sus experiencias ponen en marcha o mejoran una actitud de orientación al cliente que posiblemente antes no manejaban con eficacia.

Todo ello para saber si el cliente percibe un correcto «cumplimiento de expectativas». Concretando: *el cliente evalúa el cumplimiento de sus expectativas si lo que recibe (producto o servicio) lo recibe correctamente y oportunamente.*

 RECURSO EN INTERNET

Para repaso y disponer de otra perspectiva sobre el tema, te recomiendo leer el informe *Tatum©* «Tendencias Actuales en la Medición de la satisfacción del Cliente» en PDF al que puedes acceder desde el blog del libro.

Planificación del seguimiento de clientes y prospectos

Es hacer realidad lo que hemos venido desarrollando con el cliente, es hacer que las cosas sucedan, es también estar listos para el manejo de contingencias que se pudiesen presentar.

Quizá uno de los puntos que más olvida un profesional de la venta es el momento de hacer que las cosas sucedan. Muchos de ellos piensan que obtener una venta o contrato es haber conseguido un cliente, y por el contrario, el proceso sigue, **recuerda que en el cliente se han generado un gran número de expectativas, que espera que todo marche conforme a un plan y debes hacer que eso suceda**.

El estar pendiente de que el cliente obtenga lo que le has prometido es parte de este método. Tomemos en cuenta lo siguiente:

- Tu **interés constante después de la venta** demuestra tu compromiso de mantener una relación duradera.

- Esto resulta sumamente importante dado que **las relaciones permanentes representan las mejores fuentes de negocio** después de la inversión, tanto tuya como del cliente, en tiempo y esfuerzo.

- Sea cual sea el acuerdo previsto, la fase del servicio representa una oportunidad de reforzar la marca tanto de la empresa que representas como la tuya propia (*Juan García, S.A.L. por ejemplo*) en la influencia de compra del cliente.

Mantente pendiente del proceso de entrega o implementación de tu solución, esto te permitirá generar más ventas con el mismo cliente y tus ventas serán cíclicas, lo que reducirá tu esfuerzo en tiempo por generar nuevas oportunidades. **Es más fácil venderle a un cliente conocido, pues has ganado su credibilidad.**

Piensa que:

- Después del cierre de la venta el cliente quiere ver resultados.

- Un correcto seguimiento equivale a más ventas.

- Planificar este seguimiento permite estar «conectado» con el cliente.

- Genera ventas cíclicas.

- Relaciónate con el entorno del cliente (familia, amigos, compañeros…).

- Atiende a tu cliente como a ti te gusta que te atiendan.

- Recuerda: un cliente contento (más que satisfecho) es una buena recomendación para otros clientes.

Seguimiento

Conocer la importancia del seguimiento en futuras ventas, mantener un contacto frecuente con el cliente, mantener actualizadas las oportunidades de nuevas ventas. Podríamos denominarlo como la fase de «Relaciones Públicas», es una nueva oportunidad para seguir presente en la mente del cliente, generar más negocios basados en la confianza generada.

- Lo importante es buscar siempre nuevas oportunidades para convertirse cada vez más en un asesor confiable.

- Sigue preparando nuevas acciones a largo plazo para tu cliente: cada vez que tu empresa saque nuevos productos, que hagáis alguna promoción… mantén informados a los clientes y prospectos.

- Piensa en cada cliente y sopesa los éxitos (ventas) que has conseguido con él, así podrás actuar de la misma forma en futuras oportunidades de contacto que tengas.

- Conoce a tu cliente al detalle (lo que compró, lo que quisiera comprar más adelante, su entorno, sus gustos…) y busca con ello nuevas oportunidades.

- Solicita que te dé nuevos contactos (referencias) y usa los datos de estos conocidos para realizar una elegante prospección.

- Date a conocer a estos nuevos contactos y relaciónate a todos los niveles.

- Obtén información de estos nuevos contactos.

- Mantén la relación con todos aunque no tengas nuevas ventas.

Agenda

Lleva una agenda con tus anotaciones sobre las llamadas que haces, el nivel de satisfacción de tus clientes, los contactos que te aportan, etcétera.

Piensa que las palabras se las lleva el viento y que la memoria da algunos disgustos (olvidos, equívocos, malentendidos…), piensa que, como dice el dicho, «Más vale lápiz corto que memoria larga». Ten en la tienda tu agenda a mano y anota tus experiencias y tus sentimientos al respecto (cómo estaba el cliente, cómo te pareció que respondía, cuál era su ánimo, etcétera).

Comparte tu agenda con la de tus compañeros. Compartid vuestros resultados, anécdotas, situaciones… piensa que la perspectiva de tus compañeros puede ayudarte a reenfocar tus actuaciones y convertir posibles fracasos en el contacto en nuevas oportunidades. «Vender desde el corazón» es también «compartir de todo corazón».

Tratamiento de quejas y reclamaciones

En este último paso de la venta, la posventa, puedes conseguir el objetivo de todo vendedor: fidelizar al cliente y colaborar con él durante muchos, muchos años. Recuerda lo que habrás oído infinidad de veces: «Un cliente satisfecho explicará su satisfacción a unas tres personas de su entorno; un cliente insatisfecho lo hará a más de diez; un cliente insatisfecho pero a quien se le ha solucionado rápida y eficazmente su insatisfacción, aún lo comunicará a más gente». Y esto no tiene precio, es el que no cambia de proveedor porque dice a sus nuevos posibles proveedores: «Ellos me solucionan los problemas», y no hay nada que dé más seguridad a un cliente que saber que, pase lo que pase, «su» vendedor estará allí para solucionárselo. Por eso no debemos tener miedo a una sugerencia, incidencia, queja o reclamación, pero veamos en su definición la diferencia entre estos términos:

Incidencia	Comunicación de un cliente que pone de manifiesto una reclamación/queja o sugerencia.
Reclamación	Manifestación de insatisfacción exigiendo respuesta y/o compensación.
Queja	Manifestación de insatisfacción.
Sugerencia	Comunicación del cliente a la organización, aportando una mejora de carácter genérico o específico. • No tiene por qué ser generada por una insatisfacción. • El cliente no espera respuesta, aunque la agradece.

Y piensa que «una queja es un regalo» y que:

1. Todos los clientes que se quejan:

    • Son amigos.

    • Hay que darles las gracias por colaborar efectuando su reclamación o queja.

    • Se debe resolver siempre el problema planteado.

    • Su queja está justificada.

    • Deben ser atendidos con prontitud y profesionalidad.

    • Representan una evidente oportunidad de mejora.

2. El resultado del procesamiento y tratamiento efectivo de las quejas es que:

    • Se puede conservar a los clientes.

- Los clientes que protestan se convierten en defensores de la actividad (de la buena actividad, y así nos ayudan a mejorar).

- Los clientes y empleados se deben sentir más satisfechos.

3. Se aprende de las quejas:

    - Registrando todas las que se puedan efectuar y valorando los errores más frecuentes.

    - Analizando su causa.

    - Aprendiendo de los errores e intentando evitarlos y corregirlos.

    - Informando a todos los clientes de lo que nos han enseñado y de los ajustes que se han realizado a partir del conocimiento de sus quejas.

4. Las quejas irracionales deben tratarse razonablemente:

    - Se debe asumir que todas las quejas están justificadas y son razonables.

    - Se debe definir claramente lo que se consideran quejas irracionales.

Un vendedor «desde el corazón» deberá tener una actitud y un procedimiento conductual ante una queja/reclamación. Deberá escuchar, mostrar interés, personalizar en él mismo, tener claro un criterio a seguir, una clasificación… en definitiva «saber lo que se trae entre manos», y no importará si el cliente tiene o no razón o si no lo sabemos, en cualquier caso actuaremos profesionalmente y «desde el corazón»:

Cuando... el cliente tiene razón	Cuando... el cliente no tiene razón	Cuando... no está claro si el cliente tiene o no tiene razón
• Disculparse. • Buscar la solución (una compensación). • Agradecerle la queja. • Despedida cordial. • Seguimiento (llamarle, enviar una carta…).	• Argumentar nuestra posición. • Agradecerle la queja. • Se puede llegar a ceder. • Despedida cordial. • Si la queja es telefónica, intentar explicárselo personalmente.	• En principio, disculparse. • Explicarle los pasos que se van a seguir. • Cumplir con lo prometido. • Agradecerle la queja.

 RECURSO EN INTERNET

Para concretar este tema y tener ejemplos de cómo solventar quejas y reclamaciones, te remito de nuevo al blog para que veas unos clips al respecto.

4

Programación Neurolingüística (PNL):
Una herramienta para la excelencia de un vendedor «desde el corazón»

«No hay puertas totalmente herméticas.
Es cuestión de llaves.»

JOSÉ NAROSKY
Psicólogo argentino

¿Qué es la PNL?

La Programación Neurolingüística (PNL) se podría definir como la excelencia en la comunicación *intrapersonal e interpersonal*, de ahí su importancia para un vendedor «desde el corazón», pues le ayuda a mejorar su nivel de inteligencia emocional (véase apartado 2.3. de este libro). Es por eso que cuando un vendedor domina las técnicas de la PNL mejora en la comunicación consigo mismo y puede detectar sus pensamientos limitadores, resolver conflictos internos, mejorar su autoconcepto, etcétera, y también mejora su relación con las personas con quienes comparte los entornos que frecuenta: compañeros de trabajo, clientes, proveedores, prospectos… reforzando su empatía y asertividad, conociendo mejor a los otros, etcétera.

Programación: esta palabra hace referencia al proceso que siguen nuestros sentimientos para organizar sus representaciones visuales y creando respuestas a estas imágenes. *Neuro*: indica que todo comportamiento resulta de la propia actividad neurológica del individuo. *Lingüística*: lo anterior, es decir, las respuestas a nuestras imágenes concebidas y nuestra actividad neurológica, se transmiten en todo tipo de comunicación y especialmente en el lenguaje.

Aplicaciones de la PNL para un vendedor «desde el corazón»

Sobre todo de tipo regulador y organizativo, ya que el uso de técnicas de PNL le ayudará a motivarse ante el trabajo y los problemas, gestionando la ansiedad, posibles fobias y falta de autoestima, controlando mejor los conflictos con clientes y otros actores de su entorno, comunicando y negociando mejor (lo veremos más adelante), etcétera, pero sobre todo, le ayudará a cambiar de perspectiva, ya que las personas cambiamos constantemente, de hecho nuestro crecimiento personal se basa en la creencia, consciente o inconsciente, de que el cambio es posible y es positivo y de que seremos capaces de realizarlo. Desde la PNL se nos motiva a estudiar qué tipo de cambio realizamos, cuáles son positivos (también hay cambios negativos, etapas en las que nos sentimos estancados, desmotivados…) y cómo los hemos de potenciar.

En la situación actual económica y social (2010) las personas, los profesionales y las empresas estamos atravesando un situación de cambio muy fuerte, si bien todo cambia permanentemente y hasta hace poco se decía que «el cambio por constante se hace invisible», no es el caso actual, donde nos hemos de enfrentar a cambios de paradigmas ciertamente inesperados. Pues bien, la PNL nos ayudará a gestionar esta situación de cambio hacia la mejora de aquello que hacemos, de nuestras capacidades y creencias y de nuestra evolución como personas, permitiéndonos una nueva orientación en relación con aquello que somos y nuestra visión (recuerda el capítulo 1 de este libro): «Quién soy yo frente a quién me gustaría ser, cuál es mi misión en la empresa y en la vida y cómo superar los obstáculos que me impiden ser aquello que puedo llegar a ser».

                        Recurso en internet

Para quienes hayan leído el interesante libro *¿Quién se llevó mi queso?* o no lo hayan leído pero quieran conocer esta fábula sobre el cambio, podrán acceder a una simpática película en el blog: *¿Quién movió mi queso?*

La PNL y la comunicación

Ya hemos hablado bastante sobre la comunicación en la comunicación, pero también hacíamos algún apunte de «cuando lleguemos a la PNL…», pues bien, como lo prometido es deuda, vamos a insistir en los beneficios de dominar técnicas de PNL para llegar a la excelencia en la comunicación. Cuando nos comunicamos con otra persona, la escuchamos y reaccionamos según nuestros pensamientos y sentimientos, y está demostrado que nuestra conducta posterior vendrá determinada por las representaciones internas que tendremos en relación a lo que vemos y oímos.

Ya hemos visto que nos comunicamos de forma verbal y corporal y que esta última comunicación puede hacer que el mensaje llegue a su receptor de forma diferente al contenido que queremos transmitir, recordando que en el proceso de comunicación es más importante el *cómo* que el *qué*. Un vendedor «desde el corazón» se ganará la confianza y credibilidad de sus clientes a consecuencia de la correlación positiva entre contenido y contexto de su comunicación. Un vendedor «desde el corazón» utilizará constantemente sus habilidades comunicativas para influir en los demás. Gran parte de su eficacia comercial se basará en aprovechar positivamente estas habilidades.

La sintonía entre vendedor y cliente

Hay personas con las que comunicarse es un placer, se produce una química espontánea que permite una fluidez y una naturalidad especial en el diálogo y, en el caso de clientes o posibles clientes, no hace falta que haya una relación antigua, esta espontaneidad surge simplemente al verse. Claro que en otros casos esta sintonía es casi imposible y se «siente» uno incómodo sin saber exactamente por qué. A esto se le llama en PNL «sintonía». La sintonía se basa en tres etapas:

1. El vendedor escucha atentamente al cliente, procurando entender todo o que dice, sí, pero también entendiendo el tono en el que se expresa, su postura, sus movimientos, el movimiento de los ojos (veremos más adelante la importancia que tienen los ojos). Nuestra actitud ante el cliente (u otra persona) en esta etapa responderá a una observación atenta y manifestando con alguna expresión oral o física que estamos escuchando con interés y entendiendo a nuestro interlocutor (escucha activa, lo hemos visto antes). Esta etapa se llama *calibración*.

2. A continuación el vendedor toma la iniciativa explicándose, procurando adoptar la misma postura que el interlocutor, sentados como el cliente, copiando –con elegancia y prudencia– su tono de voz, su forma de mirar, su ritmo, etcétera. Esta etapa se llama *modelación*.

3. Una vez hecha esta modelación, se ha conseguido esta sintonía, es decir, hay una comunicación inconsciente que establece puntos en común y hace agradable estar con esa persona, hace que nos sintamos a gusto con ella… es cuando ya podemos proponer acciones conjuntas, las sugerencias que le hagamos serán más fácilmente aceptadas, los puntos de vista, aunque diferentes, pueden ser comprendidos… Es la etapa de la *influencia*.

Pero ¡ojo! De la misma manera que es importante aprender a construir sintonía, es igualmente importante saber romperla cuando es preciso. Si, por ejemplo, llevamos una hora hablando con un cliente y ya se han agotado los temas; en este caso se recomienda hacer lo contrario que se ha explicado en la etapa de la *modelación*.

RECURSO EN INTERNET

Está demostrado que una señal positiva de comunicación entre dos personas es imitar o repetir involuntariamente gestos o palabras, como puedes ver en el sorprendente clip extraído del documental de la BBC *«La mente humana»,* al que podrás acceder desde el blog de este libro.

Los sistemas representativos

La comunicación empieza y acaba en los sentidos, que son nuestras herramientas de percepción: los ojos, la boca, los oídos, el olfato y el tacto, que utilizamos constantemente para a) percibir el mundo externo y b) representar internamente nuestras propias experiencias.

La persona emisora de la comunicación empieza a gestionar la comunicación con sus pensamientos (que acompaña a veces con sus sentimientos) y después utiliza las palabras, el tono de voz y el lenguaje corporal (como hemos ido viendo) para transmitir estos pensamientos al receptor de la comunicación que emite. Ahora bien, y atentos para optimizar nuestra atención de vendedores «desde el corazón», hemos de entender que estas formas en que recogemos y codificamos la información de, por ejemplo, los clientes, reciben el nombre de sistemas representativos. Los tres sistemas primarios son:

- El sistema visual (V), que corresponde a personas con «memoria fotográfica», es decir, que retienen con gran facilidad las imágenes que ven, se acuerdan de las cosas por lo que vieron mientras éstas ocurrían.

- El sistema auditivo (A) corresponde a las personas que recuerdan con facilidad expresiones y tonos de voz que han oído anteriormente, se acuerdan de las cosas por aquello que se dijo y por cómo se dijo.

- El sistema del tacto o *cinestésico* (C) corresponde a personas que son muy sensibles a este sentido y traducen con facilidad lo que les pasa en la vida a emociones «vividas».

Los sentidos del gusto y del olfato son sentidos secundarios, pero en un porcentaje altísimo de nuestra comunicación con los otros, sólo intervienen los sentidos primarios. Aunque podamos utilizar frecuentemente uno u otro sistema representativo, las personas tenemos uno preferente. La misión del vendedor «desde el corazón» será la de reconocer el sistema de sus clientes y el suyo propio, para ir adaptándolo al de los primeros y procurar la sintonía total con su interlocutor. Pero, ¿cómo podrá conocer el sistema representativo de la otra persona? Es sencillo, primero fijándose en las expresiones que utiliza (veremos estos predicados en la tabla siguiente); segundo, prestando atención en la velocidad del habla y en la respiración del otro (las personas «visuales», en general, hablan más deprisa, tienen una voz más aguda y respiran superficialmente (de forma torácica), mientras que las personas «cinestésicas», hablan más despacio, acostumbran a tener una voz más grave y tienen una respiración abdominal.

Los ojos, espejo del alma

Además y muy importante, el movimiento de los ojos de una persona es un rasgo tremendamente revelador de sus pensamientos en un momento dado. Observarlo atentamente nos permite acceder de manera sencilla a sus pensamientos (sí, como en la serie televisiva *Lie to me* –Miénteme–, basada en estas teorías). A grandes rasgos, podemos decir que cuando una persona levanta los ojos, «visualiza» en aquel momento una cosa; cuando los deja en posición horizontal, «escucha» alguna cosa; cuando los mantiene bajos, «conecta» (con sus sentimientos) con alguna cosa.

También es importante si lo hace a la derecha o a la izquierda, ya que «acude» a sus dos hemisferios: el derecho más creativo y el izquierdo, más racional, ya que si...

- Mira hacia arriba, a la izquierda: «visualiza» alguna cosa que ya ha visto en otras ocasiones.

- Mira hacia arriba, a la derecha: «visualiza» alguna cosa que imagina pero que no ha visto.

- Mira horizontalmente, a la izquierda: «oye» alguna cosa que ha oído anteriormente.

- Mira horizontalmente, a la derecha: «oye» alguna cosa que imagina pero que no ha oído antes.

- Mira hacia abajo, a la izquierda: «conecta» con sus sentimientos y mantiene un diálogo interno con ella misma.

- Mira hacia abajo, a la derecha: está «conectada» con «sus sentimientos».

Dominar las «llaves» de acceso visual le permitirá a un vendedor «desde el corazón» no tan solo acceder a lo que piensa nuestro interlocutor, sino también le permitirá colocarse en una posición determinada para conseguir sus objetivos (ventas) más cómodamente.

Veamos en el siguiente gráfico estas «llaves» de acceso visual:

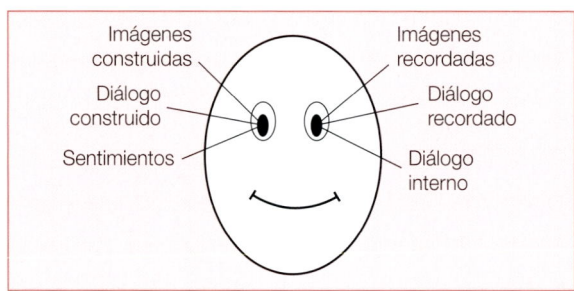

Actividad

Para reconocer el sistema representacional dominante, a continuación tenéis un test muy interesante para ayudarnos a reconocer en otros o en nosotros mismos cuál es el canal dominante.

Actividad 8. Test para averiguar el sistema de representación dominante[28]

Instrucciones

Debemos leer las preguntas e indicar cuál se ajusta más a nuestras preferencias. Si una única respuesta no basta, podemos indicar dos o más. En una hoja aparte anotaremos cuántas respuestas son V, A o C (visual, auditivo, cinestésico).

Preguntas clave:

1.º Evoca alguna ocasión en la que hayas aprendido a hacer algo nuevo para ti, como, por ejemplo, un juego de sobremesa. ¿Cómo aprendiste mejor?

   V) Por medio de indicaciones visuales: imágenes, diagramas o instrucciones escritas.

   A) Escuchando las explicaciones de alguien.

   C) Experimentando, probándolo tú mismo.

2.º Tienes dificultades para encontrar el hotel en que te alojas en una ciudad donde sólo llevas unos pocos días. ¿Qué haces?

   C) Sigo conduciendo en busca de alguna referencia conocida.

---

28. Francisco J. Gil López. *Test de Robert Dils* en grupo/foro técnicas de PNL de www.xing.com

A) Pregunto.

V) Miro el mapa.

3.º Tienes que aprender un nuevo programa informático. ¿Qué haces?

C) Le pido a un amigo que me ayude.

V) Consulto el manual que viene con el programa.

A) Llamo a un conocido y le pregunto.

4.º No estás muy seguro de si se escribe «haber» o «a ver». ¿Qué haces?

V) Me imagino ambas versiones mentalmente y elijo la que me parece correcta.

A) Las escucho mentalmente.

C) Las escribo y elijo la que me parece mejor.

5.º Prefieres a los maestros o conferenciantes que utilizan:

V) Diagramas de flujo, apuntes, transparencias.

C) Salidas de campo, laboratorios, sesiones prácticas.

A) Discusiones, conferenciantes invitados.

6.º Has comprado un artículo que tienes que montar tú mismo. ¿Qué te ayudará más?

A) Escuchar una cinta que describa los pasos a seguir.

C) Comenzar a montarlo y aprender sobre la marcha.

V) Ver un vídeo o consultar las instrucciones impresas.

7.º Te estás ocupando de la casa de un amigo durante su ausencia. Tienes que aprender rápidamente a cuidar de su jardín y de sus animales de compañía. Lo mejor será:

V) Ver cómo lo hace otra persona.

A) Recibir instrucciones y aclararlas a fondo.

C) Que alguien te acompañe mientras lo haces.

8.º Alguien te confía un número importante que debes recordar, como, por ejemplo, el de un teléfono, algún código o un número de serie. Para estar seguro de no olvidarlo, lo mejor será:

A) Repetírtelo a ti mismo o a otra persona.

V) Hacerte una imagen mental de ese número.

C) Escribirlo o teclearlo varias veces.

9.º Tienes que realizar una presentación ante un grupo reducido de personas. Para sentirte cómodo prefieres:

A) Tener claro el tono de voz y las palabras que vas a comunicar.

V) Tener a mano diagramas y notas que puedas consultar durante la presentación.

C) Haber ensayado la presentación varias veces.

10.º ¿Con cuál de las siguientes aficiones disfrutas más?

C) Pasear/cuidar del jardín/bailar.

V) Dibujar/pintar/ver paisajes/sacar fotografías.

A) Música/cantar/contar historias.

11.º Para adquirir una nueva habilidad prefieres:

   A) Escuchar una descripción y hacer preguntas.

   V) Ver diagramas y presentaciones.

   C) Hacer ejercicios.

12.º Cuando realmente quieres enseñar algo a alguien:

   V) Creas una imagen para esa persona.

   A) Se lo explicas lógicamente.

   C) Le acompañas físicamente mientras lo hace.

Para determinar la preferencia de nuestro aprendizaje o el de otros deberemos sumar el número de V, A y C que habremos anotado y podremos conocer nuestros canales más altamente desarrollados.

Mapas mentales

Los mapas mentales o las experiencias subjetivas son las representaciones internas que llevamos a término a partir del procesamiento que hacen nuestros sentidos de la información exterior que perciben. Cada persona elabora sus experiencias subjetivas de una manera única, diferente a las otras. Para un «vendedor desde el corazón» la base de la comunicación será saber cómo elaboran los mapas sus interlocutores y adaptarse a ellos tanto como puedan.

Y es que nuestros mapas no son nada más que el resultado de nuestras interpretaciones de todo lo que pasa a nuestro alrededor y, entendido que nadie es una persona objetiva y que no hay mapas mejores ni peores, sino los más adecuados para una situación determinada, representará una oportunidad el plantearnos «reencuadrar» nuestras interpretaciones de la realidad. El reencuadre o «redefinir el marco», significa cambiar el punto de vista conceptual y/o la vivencia emocional que afecta a una situación determinada y ponerla en un marco diferente y más adecuado para que tenga un nuevo significado. La filosofía de «reencuadrar el contexto» se basa en el hecho de que todas las conductas son útiles en algún entorno, de manera que solamente nos hace falta esforzarnos en encontrarlo. Por otra parte «reencuadrar el contenido» se trataría de tomar la situación que se interpreta como negativa y provocar un cambio de significado de manera que finalmente la viéramos en positivo (un ejemplo muy simple sería que, ante un cliente que no nos comprase hoy, que tuviese problemas de percepción de la oportunidad de nuestra oferta, entendiendo su mapa mental podríamos desarrollar nuevas oportunidades para que nos comprase más adelante). A menudo se trata de llevar la situación a un marco más general e interpretarla desde esta nueva perspectiva.

Actividad

Tal vez todo esto te resulte algo confuso o pueda parecerte extremadamente generoso por tu parte, pero para que veas la utilidad de este «reencuadre» te propongo realices la siguiente actividad: «Redefinir el marco».

Actividad 9. «Redefinir el marco»

Instrucciones

Un vendedor tozudo puede ser visto como perseverante, tenaz o insistente. Es conocida la frase: «Con el dinero yo soy inteligente, mi amigo prudente y mi enemigo avaro». Haz una lista de conductas negativas que crees tener y pídele a tu pareja, amigos, compañeros, que traten de convertirlas en positivas, explicando qué tienen de positivas y en qué contexto pueden serlo.

¿CONDUCTA NEGATIVA?	... ¿O POSITIVA ?
Un maniático del orden.	
Un indeciso. Me cuesta tomar decisiones.	
Un perfeccionista.	
Un sufridor. Sufro mucho por los otros.	

Agradecimientos

A Paco Juan, el vendedor con más corazón que he conocido, con toda mi admiración suscitada a tenor de ver la huella que ha dejado en las personas que compartieron viaje con él, agradeciéndole el prologar este libro, dignificándolo con la voz de su experiencia. A Felipe Botaya, quien con su insistencia y ejemplo durante estos últimos años me ha «obligado» a ponerme manos a la obra; a Alfons Montero y a Miguel Martínez, que han revisado el libro con una lectura crítica que me ha ayudado a mejorarlo poniendo los puntos sobre las íes; a mis compañeros en tantos cursos, seminarios y talleres, Maribel Salvador y Federico Pérez Pierotti, de quienes he aprendido siempre y cuya generosidad me ha permitido utilizar algunas de sus aportaciones (y también de Alfons Montero) en este libro; al equipo de Sage Formación, Pilar Morales, Sandra Calderón y Yolanda Moreno, por invitarme a colaborar en numerosos cursos y talleres para sus empresas cliente desde hace muchos años, igual que a Javier Ornia, de CJ Continua, por nuestra colaboración en más de cuarenta cursos para empresarios y gestores de PYME, clientes de Caixa Penedès, así como a Mónica Luna y Josep Antoni Gràcia, de IQS, con quienes colaboro en sus programas «in company» desde hace ya unos años; a Albert Serrat, gran formador y experto en PNL que me dio la primera pista para encontrar un camino a seguir en comunicación interpersonal; a Eva Bach amiga y colega, autora del libro *Presentaciones eficaces* que me puso en contacto con la editorial Profit y al equipo de la editorial que ha creído en el proyecto y ha cuidado tanto el diseño y la edición del libro, a todos los clientes que en estos últimos años han confiado en mí para facilitar formación a sus directivos, mandos y equipos comerciales, en especial a mis amigos de Sony España, Domingo Esteve y Francesc Ortín, que han tenido la generosidad de darme su ánimo y punto de vista y, sobre todo, a los más de seiscientos vendedores y vendedoras que, día a día en los cursos que hemos compartido en los últimos años, me han ayudado a aprender a enseñar y a saber qué enseñar.

Bibliografía

Ventas

Artal Castells, Manuel. *Venta en tienda. Los clientes le aconsejan.* ESIC, Madrid (2006).

Chiesa de Negri, Cosimo. *Dirigir vendedores es mucho más. Las claves del liderazgo comercial.* Empresa Activa, Barcelona (2008).

Chiesa de Negri, Cosimo. *Vender es mucho más. Secretos de la fidelización en la venta.* Empresa Activa, Barcelona (2007).

Fleitman, Jack. *Negocios Exitosos.* McGraw Hill, México DF (2000).

Harvey, Christine. *Aprenda todas las estrategias de venta. En una semana.* Gestión 2000, Barcelona (2000).

Martínez Escribá, Pere. *Aprender a vender en tienda.* Paidós, Barcelona (2005).

Moulinier, René. *Vender por primera vez. Las 15 etapas de la venta para principiantes.* Empresa Activa, Barcelona (2009).

161

Rataud, Pierre. *Técnicas de Venta*. Deusto, Bilbao (1991).

Taylor, Bob. *Las 25 objeciones más comunes en la venta y cómo superarlas*. FC Editorial, Madrid (2006).

Comunicación

Bach, Eva y Forés, Anna. *La asertividad para gente extraordinaria*. Plataforma Editorial, Barcelona (2009).

Carnegie, Dale. *Cómo ganar amigos e influir sobre las personas*. Elipse, Madrid (2008).

Davis, Flora. *La comunicación no verbal*. Alianza Editorial, Barcelona (2006).

De Selva, Chantal. *La PNL aplicada a la negociación*. Granica, Barcelona (1997).

Dugger, Tim. *Escucha eficaz, la clave de la comunicación*. Fundación Confemetal, Madrid (2007).

Güell, Manel. *¿Por qué he dicho blanco si quería decir negro? Técnicas asertivas para el profesorado y formadores*. Graó, Barcelona (2006).

Núñez, Antonio. *¡Será mejor que lo cuentes! Los relatos como herramientas de comunicación. Storytelling*. Empresa Activa, Barcelona (2007).

Segura Amat, Mercedes. *A escena. Lo que el teatro aporta a la comunicación empresarial*. Empresa Activa, Barcelona (2007).

Shelton, Nelda. *Asertividad. Haga oír su voz sin gritar*. FC Editorial, Madrid (2004).

Swan, Rupert L. *El Método Obama*. Debolsillo, Barcelona (2009).

Inteligencia emocional

Acosta Vera, José Mª. *El tiempo, la PNL y la Inteligencia Emocional.* Gestión 2000, Barcelona (2005).

Cruz Codero, Teresa. *Cultura deseada y desarrollo de la inteligencia emocional:* coaching*, una herramienta de ayuda.* Félix Valera, La Habana (2001).

Davis, Martha y Mckay, Matthew. *Técnicas de autocontrol emocional.* Martínez Roca, Barcelona (1998).

Goleman, Daniel. *Inteligencia Emocional.* Kairós, Barcelona (1996).

Lynn, Adele B. *50 Actividades para desarrollar la inteligencia emocional.* Harvard Press (2001).

Torrabadella, Paz. *Cómo desarrollar la Inteligencia Emocional.* Océano, Barcelona (2006).

Wood, Robert y Tolley, Harry. *Ponga a prueba su inteligencia emocional. Técnicas para aumentar su IE.* Gestión 2000, Barcelona, (2004).

Desarrollo personal

Arden, Paul. *Usted puede ser lo bueno que quiera ser.* Phaidon, Barcelona (2005).

Caballo, Vicente E. *Manual de evaluación y tratamiento de las habilidades sociales.* Siglo XXI, Madrid (1999).

Byrne, Rhonda. *El secreto.* Urano, Barcelona (2007).

Davis, Martha y Mckay, Matthew. *Técnicas cognitivas para el tratamiento del estrés.* Martínez Roca, Barcelona (1998).

Harris, Tomas. *Yo estoy bien, tú estás bien (análisis transaccional).* Debolsillo, Barcelona (2003).

Jericó, Pilar. *No miedo: en la empresa y en la vida*. Alienta, Barcelona (2006).

Johnson, Spencer. *¿Quién se ha llevado mi queso? Como adaptarnos a un mundo en constante cambio*. Empresa Activa, Barcelona (2000).

Kotter, John y Rathgeber, Holger. *Nuestro iceberg se derrite*. Granica, Barcelona, (2007).

Loundin, Stephen, C., Paul, Harry y Christensen, John. *Fish! La eficacia de un equipo radica en su capacidad de motivación*. Empresa Activa, Barcelona (2001).

Marinoff, Lou. *Más Platón y menos Prozac*. Ediciones B, Barcelona (2010).

Martínez, Margarita y Salvador, Maribel. *Aprender a trabajar en equipo*. Paidós, Barcelona (2005).

Rovira Celma, Álex y Trías de Bes, Fernando. *La buena suerte. Claves de la prosperidad*. Empresa Activa, Barcelona (2004).

Serrat, Albert. *PNL per a docents. Millora el teu coneixement i les teves relacions*. Graó, Barcelona (2005).

Vilaseca, Borja. *Encantado de conocerme. Comprende tu personalidad a través del Eneagrama*. Plataforma, Barcelona (2008).

Notas

Axel Pineda es licenciado por la Universidad de Los Ángeles, California, en filosofía, y master en marketing por la Universidad de Des Moines, Iowa. Fue vendedor y gerente de ventas para la World Book enciclopedia y vicepresidente de expansión para Nutrition For Life en Houston, Texas. Actualmente, a través de la Fundación Axel Pineda, se dedicad a dar seminarios sobre liderazgo, ventas y competitividad empresarial para muchas de las 500 empresas más importantes de Estados Unidos.

Cinestesia o **kinestesia**, (del griego κινεω, mover y *áisthesis*, sensación), etimológicamente significa sensación o percepción del movimiento. Son las sensaciones nacidas de la lógica sensorial, que se trasmiten continuamente desde todos los puntos del cuerpo al centro nervioso de las aferencias sensoriales. Abarca dos tipos de sensibilidad: la sensibilidad propiamente visceral, «interoceptiva», y la sensibilidad «propioceptiva» o postural, cuyo asiento periférico está situado en las articulaciones y los músculos (fuentes de sensaciones kinestésicas) y cuya función consiste en regular el equilibrio y las sinergias (las acciones voluntarias coordinadas) necesarias para llevar a cabo cualquier desplazamiento del cuerpo.

(http://es.wikipedia.org/wiki/Cinestesia)

Competencia es un conjunto de capacidades que incluye conocimientos, actitudes, habilidades y destrezas que cada persona logra mediante procesos de aprendizaje y que se manifiestan en su desempeño en situaciones y contextos diversos. **Cognición** hace referencia a la facultad de los seres de procesar información a partir de la percepción, el conocimiento adquirido y características subjetivas que permiten valorar y considerar ciertos aspectos en detrimento de otros.

La cognición esta íntimamente relacionada con conceptos abstractos tales como mente, percepción, razonamiento, inteligencia, aprendizaje y muchos otros que describen numerosas capacidades de los seres humanos. Así que las competencias cognitivas en un vendedor hacen referencia a las de los campos formativos, pensamiento matemático, lenguaje y comunicación, exploración y conocimiento del mundo.

Confucio (551 a. C. - 479 a. C.) fue un filósofo chino creador del confucionismo y una de las figuras más influyentes de China. Sus enseñanzas han llegado a nuestros días gracias a las *Analectas*, que contienen algunas de las discusiones que mantuvo con sus discípulos. Su pensamiento fue introducido en Europa por el jesuita Matteo Ricci, qua fue la primera persona en latinizar el nombre como Confucio (http://es.wikipedia.org/wiki/Confucio).

Cosimo Quiesa de Negri profesor de IESE es uno de los mayores expertos de ventas y distribución comercial del mundo. Es doctor en Ciencias Económicas y Empresariales por la universidad Luigi Bocconi de Milán y doctor Comercialista por la Universidad de Pavia. Sus libros *Vender es mucho más* y *Dirigir vendedores es mucho más* apelan al corazón del profesional y han sido una verdadera fuente de inspiración para mí (nota del autor).

Dale Carnegie (24 de noviembre de 1888 – 1 de noviembre de 1955) fue un empresario y escritor de libros de autoayuda estadounidense. Carnegie fue promotor de lo que ahora se llama asunción de responsabilidades, aunque esto sólo aparece puntualmente en sus escritos. Una de las ideas centrales de sus libros es que es posible cambiar el comportamiento de los demás al cambiar nuestra actitud hacia ellos. Esto en la venta es de suma importancia, como verá quien lea el libro anteriormente mencionado. Otros aspectos sobre los que gira su obra son el trabajo en equipo y el saber hablar en público, dos competencias personales más que favorecen a la venta «desde el corazón» (http://es.wikipedia. org/wiki/Dale_Carnegie).

Daniel Goleman es un psicólogo estadounidense, nacido en Stockton, California, el 7 de marzo de 1947. Adquirió fama mundial a partir de la publicación de su libro *Emotional Intelligence* (en español *Inteligencia emocional*) en 1995. Daniel Goleman posteriormente también escribió *Inteligencia social*, la segunda parte del libro *Inteligencia emocional*. Trabajó como redactor de la sección de ciencias de la conducta y del cerebro del periódico *The New York Times*. Ha sido editor de la revista *Psychology Today* y profesor de psicología en la Universidad de Harvard, en la que obtuvo su doctorado. Goleman fue cofundador de la Collaborative for Academic, Social and Emotional Learning (Sociedad para el Aprendizaje Académico, Social y Emocional) en el Centro de Estudios Infantiles de la Universidad de Yale (posteriormente en la Universidad de Illinois, en Chicago), cuya misión es ayudar a las escuelas a introducir cursos de educación emocional. Editado por primera vez en 1995, el libro *Inteligencia Emocional* se mantuvo durante un año y medio en la lista de los libros más vendidos del *The New York Times*. Según la página web oficial de Daniel Goleman, se han vendido, hasta 2006, alrededor de 5.000.000 de ejemplares en treinta idiomas, y ha sido *best seller* en muchos países. En 2009 se publicó en español su libro *Inteligencia Ecológica*. (Fuente: http://es.wikipedia.org/wiki/Daniel_Goleman)

Edward T. Hall. (6 de mayo de 1914 - 20 de julio de 2009) es un respetado antropólogo estadounidense e investigador intercultural. Ha enseñado en la Universidad de Denver, Colorado; en la Harvard Business School y en otras instituciones de igual prestigio. La investigación que ha llevado a cabo durante toda su vida sobre las percepciones culturales del espacio tiene su raíz en la Segunda Guerra Mundial, en la que participó como miembro del ejército de los Estados Unidos en Europa y en las Filipinas (http://es.wikipedia.org/wiki/Edward_T._Hall).

Escalas de medición. Mi amigo Alfons Montero, psicólogo y colega en muchas acciones de formación, sugiere que los que recomiendan que sean impares no son expertos, aportando que muy al contrario, las escalas de medición siempre deben de ser pares, cuando son impares existe la «aberración de la tendencia central», que no permite tomar decisiones (esto no esta ni bien ni mal, ¿que hago?), cuando la escala es par, la decisión es fácil (mal o bien), auque es cierto que la mayoría de las escalas son impares, su objetivo es claro: que dominen los términos medios, así dificilmente seré malo, es mejor salir mediocre que el riesgo de ser bueno o malo. Queda aquí este apunte de un experto que discrepa con los anteriores.

Eva Bach Cobacho es licenciada en Ciencias de la Educación por la Universidad de Barcelona; **Anna Forés Miravalles** es doctora en Filosofía y Ciencias de la Educación. Ambas son diplomadas y/o licenciadas en Pedagogía y profesoras universitarias en la UAB y en la Universitat Ramon Llull respectivamente.

Howard Gardner nació en Scranton, Pensilvania, en 1943, poco después de que su familia emigrase de Alemania a Estados Unidos, huyendo del régimen nazi. Estudió en la Universidad Harvard, donde se orientó hacia la psicología y la neuropsicología. Sus líneas de investigación se han centrado en el análisis de las capacidades cognitivas en menores y adultos, a partir del cual ha formulado la teoría de las «inteligencias múltiples» (Frames of Mind, 1983). Fue investigador de la Universidad de Harvard y tras años de estudio ha puesto en jaque todo el sistema de educación escolar en Estados Unidos.

(http://es.wikipedia.org/wiki/Howard_Gardner)

Inferencia es un fenómeno muy corriente en todos los ámbitos. Es notoria la discrepancia que suele existir entre las declaraciones de testigos sobre accidentes de tráfico, debido a que son una mezcla de hechos observados y de hechos inferidos. También es muy corriente en el ámbito de la comunicación empresarial. El lector recordará lo frecuente que es la respuesta: «Yo supuse…», como disculpa o explicación de lo que ha resultado ser un malentendido, un error, una omisión o un fallo. El cúmulo de mensajes, la ambigüedad con que se emiten (redactados o hablados), la rapidez con que se transmiten, la cantidad de perturbaciones (ruidos, exceso de trabajo, barreras psicosociales), la falta de retroalimentación (*feedback*), etcétera, favorecen las inferencias y suposiciones, que tantos problemas y perjuicios suelen causar. Por eso se puede hablar también de la ley de las falsas suposiciones en la comunicación. La forma de evitar las inferencias y falsas suposiciones es distinguir claramente entre hecho conocido u observado y hecho inferido o supuesto. Una vez realizada esta distinción se puede calcular el grado de probabilidad de que la inferencia o suposición sea correcta. Su exactitud se debe comprobar, bien sea a través de retro-información, observación o con una consulta adicional a quien corresponda (nota del autor).

Jack Fleitman. Director general de CIEMSA, una de las principales consultoras de México. Autor de numerosos libros y artículos, conferenciante experto en la gestión orientada a la obtención de resultados.

José Luís Nueno es profesor del IESE licenciado en derecho por la UB, MBA por el IESE y doctor en Business Administration por Harvard (1991), es uno de los grandes expertos en marketing en la actualidad, escritor y conferenciante, además de profesor, ha dirigido sesiones de formación para directivos en más de cien corporaciones multinacionales de todo el mundo.

Ley de Perls: Todo indica que las causas de estrés son internas. Un problema exterior de determinada importancia provoca la misma tensión que otro cuya gravedad sea doble o triple. Es la reacción interna, y no el estímulo exterior, la que se dispara, la que causa daño. En general, nada exterior suele dañarnos, si no es de un modo físico directo; sólo nuestras reacciones internas ante lo que se nos antoja como una amenaza. En todo caso, nuestras reacciones suelen ser desproporcionadas a las causas que las provocan. Obsérvese la Ley de Perls:

A. El 40% de las cosas que nos preocupan no llegarán a ocurrir nunca.

B. El 30% ha ocurrido ya, por lo que no tiene sentido preocuparse.

C. El 12% están relacionadas con problemas de salud.

D. El 10% afecta a preocupaciones diversas cuyos efectos se anulan entre sí.

E. ¡Sólo el 8% merece nuestra atención!

Y tampoco se resolverá con preocuparse, lo realmente eficaz será ocuparse de ello: dedicarle el tiempo y la atención necesarios para resolverlo. Porque la preocupación no suele resultar práctica. Lo único seguro es que nos consumirá tiempo y energías y nos provocará un estado anímico que no siempre será el más adecuado para atajar el riesgo que tenemos.

Fritz Perls (8 de julio de 1893, Berlin, Alemania - 14 de marzo de 1970, Chicago, EEUU), médico neuropsiquiatra y psicoanalista, fue el creador, junto con su esposa Laura Perls, de la Terapia Gestalt (http://es.wikipedia.org/wiki/Fritz_Perls).

Los tres monos sabios o místicos, que se tapan con las manos respectivamente los ojos, oídos y boca, provienen de antiguas leyendas chinas que se difundieron en Japón con la llegada de la escritura en el siglo VIII. Los tres monos sabios o tres monos místicos son una obra de escultura de madera en el santuario de Toshogu (1636), construido en honor de Tokugawa Ieyasu, situado en Nikko, al norte de Tokio (Japón). Los nombres de los monos son Kikazaru (no oye), Iwazaru (no habla) y Mizaru (no ve), que hacen referencia a un juego de palabras japonés, ya que saru significa mono. Cuenta la leyenda, que los tres monos eran los mensajeros enviados por los dioses para delatar las malas acciones de los

humanos con un conjuro mágico, con el cual cada uno tenía dos virtudes y un defecto, y se representaban en el siguiente orden:

- Kikazaru: representado como el mono sordo, era el encargado de utilizar el sentido de la vista para observar a todo aquel que realizaba malas acciones para transmitírselo a Mizaru mediante la voz.

- Mizaru: era el mono ciego. No necesitaba su sentido de la vista, puesto que se encargaba de llevar los mensajes que le contaba Kikazaru hasta el tercer mono, Iwazaru.

- Iwazaru: el tercero de los tres monos era el mono mudo, Iwazaru, que escuchaba los mensajes transmitidos por Mizaru para decidir la pena de los dioses que le caería al desafortunado y observar que se cumpliese.

Actualmente son los guardianes simbólicos del mausoleo de Toshogu, encargados de que nadie interrumpa el sueño del Shogun que yace en su tumba. Parte de su significado está en el juego de palabras que se origina en japonés entre el sustantivo «saru», que significa mono, y el adverbio homófono que produce la negación del significado de la raíz a la que se asocia enclítico. Las palabras compuestas «mizaru», «kikazaru» e «iwazaru» significan respectivamente «no ve», «no oye», «no habla», y el mono ha pasado a ser un símbolo negativo, ya que si en Japón regalas a alguien un mono significa que quieres verle muerto. Diferentes interpretaciones: una interpretación indica que para llegar a la sabiduría una persona debe:

- Negarse a escuchar maldades.

- Negarse a ver maldades.

- Negarse a decir maldades.

Según otra interpretación, el significado de las esculturas de «mizaru», «kikazaru» e «iwazaru» alude al miedo absoluto, dado que son las primeras reacciones del ser humano ante una situación de peligro. Otra versión alude a la virtud de la discreción: «No digas todo lo que sepas, no mires lo que no debas, no creas todo lo que te dicen». También se ha extendido su significado al pacto de silencio entre mafiosos conocido como «omertá» o cualquier pacto de silencio para encubrir delitos o casos de corrupción.

(http://frikinotegroup.blogspot.com/2010/02/los-tres-monos-sabios.html)

Lou Marinoff, filósofo canadiense, conferenciante y escritor, profesor de la cátedra de filosofía en el City Collage of New York; fundador de la APA (American Philosophy Association. Autor del libro *Más Platón y menos Prozac*, es uno de los autores que han acercado más la filosofía al mercado (junto a autores como el noruego Jostein Gaarder y el italiano Luciano De Crescenzo).

Lucio Anneo Séneca (Córdoba 4 a. C.- Roma, 65) filósofo conocido por sus obras de carácter moralista, fue tutor y consejero del emperador Nerón.

Síndrome de Rett es una grave patología neurológica que afecta, la gran mayoría de las veces, a sujetos del sexo femenino. En España hay unas 2.100 personas afectadas, y en el mundo se calcula que puede haber unas 300.000. La enfermedad es congénita, aunque no es evidente en un primer momento, y se manifiesta durante el segundo año de vida y, en todo caso, dentro de los cuatro primeros años. Afecta aproximadamente a una persona por cada 10.000. Pueden observarse graves retrasos en la adquisición del lenguaje y de la coordinación motriz. A menudo está asociado con retraso mental grave o leve. La pérdida de las capacidades es por lo general persistente y progresiva. El síndrome de Rett provoca graves discapacidades a muchos niveles, causando al enfermo ser dependiente de los demás para toda la vida. Toma su nombre de Andreas Rett, el profesor que primero la describió y la estudio, en 1966.

Transformar en positivo. Un ejercicio que propongo a menudo en mis cursos es el del lenguaje negativo/positivo, y en su desarrollo vemos la dificultad de transformar en positivo las expresiones negativas que utilizamos frecuentemente, como, por ejemplo: «No se preocupe», «Con nosotros no hay riesgo», «Este documento no es un compromiso», «Estos precios no son definitivos», «Nuestra oficina central no está lejos», «No hay peligro», «Esto no es caro», «No encontrará nada mejor», «El pedido no estará hasta el miércoles», etcétera, expresiones que podríamos «positivar» de la siguiente forma: «Esté tranquilo», «Con nosotros estará seguro», «Este documento es un acuerdo», «Estos precios son orientativos», «Nuestra oficina central está cerca», «Es seguro», «Esto tiene un precio justo», «Es lo mejor que encontrará» y «El pedido estará el miércoles» (nota del autor).